1842
镇江绝唱

马 健/著

中国言实出版社

图书在版编目（CIP）数据

1842，镇江绝唱 / 马健著 . -- 北京 : 中国言实出
版社 , 2018.6
ISBN 978-7-5171-2781-9

Ⅰ . ① 1… Ⅱ . ① 马… Ⅲ . ① 长篇小说 — 中国 — 当代
Ⅳ . ① I247.5

中国版本图书馆 CIP 数据核字（2018）第 102254 号

出 版 人：王昕朋
总 监 制：朱艳华
责任编辑：崔文婷
责任印制：佟贵兆
封面设计：淡晓库

出版发行　中国言实出版社
　　　　　地　　址：北京市朝阳区北苑路 180 号加利大厦 5 号楼 105 室
　　　　　邮　　编：100101
　　　　　编辑部：北京市海淀区北太平庄路甲 1 号
　　　　　邮　　编：100088
　　　　　电　　话：64924853（总编室）　64924716（发行部）
　　　　　网　　址：www.zgyscbs.cn
　　　　　E-mail：zgyscbs@263.net
经　　销　新华书店
印　　刷　三河市祥达印刷包装有限公司
版　　次　2018 年 6 月第 1 版　　2018 年 6 月第 1 次印刷
规　　格　710 毫米 ×1000 毫米　1/16　12.75 印张
字　　数　165 千字
定　　价　38.00 元　　ISBN 978-7-5171-2781-9

主要人物表

海　龄　　京口副都统，镇江保卫战最高军事统帅

郁　兰　　海龄夫人

陈　忠　　原为海龄近身侍卫，后调至镇江知府祥麟身边

梁章钜　　江苏巡抚，后被革职

祥　麟　　镇江知府

周　顼　　常镇道道员

钱燕桂　　镇江丹徒知县

马应山　　育婴洲守将，水师副将

李　澄　　圌山炮台守将，水师副将

江长峰　　汉奸，原从八品骁骑校，后投靠英国人

祥　云　　天理教首领李文成义弟，后接替为骁骑校

陈老爹　　陈忠父亲

马天赐　　新郎官，后加入抗英军中

渡远大师　圌山楞严禅寺主持

牛　鉴　　两江总督

果阿星　　驻守焦山的清军佐领

恒　明　　驻守焦山的清军副将

噶　喇　　镇江城北门守将，海龄门生

朱士奇　　江湖卖艺男子

朱湘梅　　江湖卖艺女子，朱士奇之女

穆之瑞　　镇江南门城防协统，齐慎义子

齐　慎　　浙江参赞大臣，协防镇江将领

刘允孝　　湖北提督，协防镇江将领

武忠阿　　象山炮台的清军协领

周兆熊　　刘允孝手下参将

道光皇帝　清宣宗爱新觉罗·旻宁

穆彰阿　　清朝军机大臣

伊里布　　清朝大臣

耆　英　　清朝大臣

黄爵滋　　清朝鸿胪寺卿

王　鼎　　清朝东阁大学士

腓德烈　　亚波罗号运兵船司令

瓦　尔　　亚波罗号运兵船中士

郭　富　　英国陆军总司令

鲍埃斯　　英国陆军参谋司令

革　雷　　英国陆军上士

璞鼎查　　英国侵华全权代表，世袭爵士

蒙哥马利　英国陆军中校，马德拉斯炮兵队长

叔　得　　英国陆军少将

萨勒顿　　英国陆军少将

巴特雷　　英国陆军少将

哥林森　　英国海军少校

吉本斯　　英军随军医生

CONTENTS
目录

第一章　镇江戒严

　　道光二十二年（1842 年）五月三十的晚上，约莫一更天气，地处长江之南的镇江府已经静街，一切都显得特别的阴森和凄凉。西津渡口、焦山口、十三门等一些主要码头和东南西北四处城门的重要路口站着无精打采的兵丁，深灰色衣服上的"兵"字显得额外醒目。他们以手掩口，偶尔打着哈欠，看到有人路过，一副严肃的神情立即盘问行人。城里都是青砖切成的古典清代建筑，家家户户大门的长廊上，都挂着红色的或白色的纸灯笼，灯光昏暗，在房檐下摇摇摆摆。那微弱的灯光下，可以看见各街口的墙壁上贴着大张的、用木版印刷的戒严布告。在又窄又长的街道和胡同里，时常有一两个更夫提着小灯笼，敲着破铜锣或梆子，瑟缩的影子出现一下，又向黑暗中消逝；那缓慢的、无精打采的锣声或梆子声也在风声里逐渐远去。

　　镇江府衙内十分寂静，只是每隔不远有一盏灯笼，几个冷脸的清兵手按着大刀笔直地站立着，表面冷峻却似乎特有精气神。他们的脸上一阵阵光亮灼烧，那是城外不远处的多处火光，把天空也照成了一片明亮。偶尔也能听到一阵阵隆隆的炮声，好似夏天的闷雷一样在天际边滚动。但是城里的镇江老百姓显得心惊胆战，他们得不到战事的真实情况，不知道这是官兵还是洋鬼子放的大炮。

自从道光二十一年（1841年）春以来，英国人攻陷广州，继而从广州溯海北上，沿途攻陷了定海、镇海、吴淞口等几个重要的海防重镇，他们在狂笑着望着远方，长江中下游的镇江城已经近在咫尺了。偶有英国的侦察船来到镇江江面，被守军呵斥攻击，他们便匆匆放了几炮，调转船只一溜烟地跑了。不得已，镇江知府祥麟、京口副都统海龄下令全城戒严，城内有兵马巡逻，禁止宵行，停止一切娱乐活动。离镇江府衙较近的府第中，那些达官贵人怕官老爷听到声响，在歌舞宴会时撤除了锣鼓，甚至一些琴、萧、笛等也全部取消，只是让歌妓轻拍着手，轻哼着歌，婉转低唱。那样的声音无疑是柔婉的，这样反而激起了主人和客人们的兴致，他们仰头干杯后，两只手指轻托着杯脚，微闭着双眼，注目静听，几乎连呼吸也停顿下来。一阵歌喉停顿，大家笑着点头称欢，嘴里嘟哝着赶紧上菜上酒。他们很是关注城内的情况，很少有人留意城外，那些炮火与火光似乎和他们无关，更没有一个人能够想出什么办法，抵挡英吉利人很可能的入侵。倒是那些游弋在长江边的鱼儿，一听到风吹草动，被惊得四处逃散，那一阵阵"咕噜"声，仿佛是它们发出来的凄凉的呼喊。

镇江城地处长江与京杭大运河交接之处，自隋唐以来便是富庶之地，城里的饥民本来不多，只是这几天从泰兴、江阴、丹阳、育婴洲逃进来一千多人，没地方收容，只能分布在城内四处为家。有的人睡在房廊屋檐下，有的睡在北固山上，有的睡在西津渡口边，有的甚至睡在了象山的大树上。虽说已经进入了初夏，但是春天的凉意没有完全消除，他们一个紧挨着一个，在风中瑟瑟发抖。大人们冻得牙齿打战，小孩们冷得号啕大哭，一声声撕裂着大人的心。但当瓜洲水师派出的巡逻兵丁走近时，他们就忍着不再哭叫。家园危在旦夕，个人朝不保夕，从他们那惊恐和不安的眼神中能够看出，他们明天路在何方不得而知。

这天晚上，京口副都统海龄在夫人郁兰的陪伴下用了晚膳，只是喝了几口汤，没有下一粒米饭，心情实为不佳。连日来，兵丁的奏报搅得他心惊肉跳，两江总督牛鉴、江苏巡抚梁章钜又是急报一封连着一封，再加上知府祥麟指示的"力尽所能，设法想出可以解决之办法"，直扰得他头上冒火，镇江城危在旦夕，英夷倘若攻城，如何布防是摆在他心头的头等大事。他内心思索，拼命挣扎，心情忧郁，原来白皙的两颊如今在几盏灯笼映照下显得苍白而憔悴，眼角已经有了几道深深的鱼尾纹，眼窝也有些发暗。一连几夜，海龄都没有睡好觉，今天又是五更起床巡查，累了半天，下午继续巡查，直到这个时候才有机会好好坐下来用个晚膳，他刚刚把最后一口汤吞进肚子里，便有兵丁进门来禀告：

"启禀副都统大人，刚才英夷又横冲直撞到了圌山一带江边，我军开炮还击，对方着实吓坏了，没有多逗留便走。我军也没有一丝一毫的损伤……"

听到没有损伤，海龄紧张的心顿时松弛了下来。英国人不止一次来镇江地界骚扰，看来这次也是一次寻常的视察，无须大惊小怪。这样的事，必定已经先报给了知府大人，再报到副都统府的，不过，海龄擦了擦嘴角，还是循例问了句：

"知府大人知道此事么？"

那兵丁道："在禀报大人之前，已经报知府大人。巡抚梁大人也来了，大人们都在府衙内，想请大人过去商量……"

海龄听到这里，没有再说什么，立即站起身来，愁眉不展地喝过几口茶，把杯子放回茶几上，烦躁而又威严地低声说："更衣，速去府衙吧！"

黑沉沉的夜，仿佛无边的浓墨重重地涂抹在天际，连星星的微光也没有。镇江的街道像一条波平如镜的河流，蜿蜒在浓密的树影里，只有那些因风雨沙沙作响的树叶，似在回忆着白天镇江城的热闹和繁忙。当海龄乘轿到镇江府衙门外的时候，府衙的侍卫陈忠已经跪在了青砖甬道的一旁，他那浑厚的嗓音如同打号子般对他说道：

"奴才恭迎大人！"

海龄看了看，轻轻地"嗯"了一声，没有再多说什么，径直进了大门。先前陈忠一直在海龄身边效力，直至一个月前随海龄陪祥麟去北固山环视防卫工程，众人险在甘露寺遇刺，而忠勇的陈忠挥着大刀当场砍死两名刺客，救了镇江知府祥麟，自然也就顺理成章地成了知府身边的人。尽管心有不甘，但海龄见到昔日的下属仍然对自己毕恭毕敬，便也老怀安慰。

海龄没有多想什么，进入府衙堂内。步入仪门，再穿过一堂、二堂，到达西花厅内堂，这里便是祥麟会客之地。只是这个时候，颇大的厅内摆上了一条长形的墨色木桌，上面铺着墨色的布，堆着雪白的公文、案卷等，镇江城防图横在桌头十分显眼。桌子两旁坐了几个头戴官帽、花翎、蓝翎人员，身着大清的正统官服，正在交头耳语。海龄扫视了一下，几乎全都认识，来人中有镇江知府祥麟、常镇道周顼、丹徒知县钱燕桂、瓜洲水师副将李澄等，他们看到海龄，一个个抱拳相向："副都统来了！"海龄没有理会任何人，只是径直走到头戴青珊瑚顶，着锦鸡补服的一位官员面前，作揖行礼：

"梁大人，下官来晚了，失礼失礼！"

海龄行礼的正是江苏巡抚梁章钜，从二品官职，掌握整个江苏之政令，总领全省范围内各属县，凡宣布国家政令、治理百姓、审决讼案、稽察奸宄、考核属吏、征收赋税等一切政务皆为其职责。梁章钜从政多年，深谙官场之道，只是一直没有布阵排兵打仗，军事之事不尽如人意，如今兵临镇江，他从江宁赶赴而来，没来得及歇上一歇，便召集了镇江的军政人员，商讨即将可能面临的战事。不过相对于武将，梁章钜和同为文官的镇江知府祥麟一样，有些束手无策，只得对刚刚来到眼前的副都统抱有很大的希望。

梁章钜召集的会议已经正式开始了，他端起茶杯，没有喝一口，却在不断感慨：

"自道光十八年，林则徐奉旨禁烟后，英吉利人远征来犯，攻占沙角、大角炮台，《广州和约》如昨日之事，震惊社稷。凡为臣子，都应卧薪尝胆，誓复国仇。可是仅过一年，英吉利人又来北犯，攻定海，陷镇海，蹂躏长江沿岸。似此战乱一直未息，臣民之祸，皇上也是寝食难安啊！"

众官员听了如同一座座雕塑，毫无表情，全部默不作声。

梁章钜重重叹了一口气，又问道："今天的消息怎么样？"他一边仿佛自言自语，一边竟然还擦起了汗："好像，好像炮声越来越近了……"

众人依然默不作声，海龄有些坐不住了，他欠了欠身子朗声说道："巡抚大人我大清长江防线脆弱，英夷兵势甚锐，据前方探子回报，他们应该已经到达了江阴防线。如此势如破竹，一定会很快进犯镇江府的。"

听海龄说到如此急促的局势，大家不免议论纷纷起来。有的点头称是，有的极力反对，甚至拿出了总督和钦差大臣的手谕，纷纷摇头称不可能。一番小声议论过后，大家把目光聚焦到梁章钜身上。有片刻工夫，梁章钜没有说一句话，其实他的内心十分明白——外面的军情已经不时有人汇报。不过为了保持他那一点尊严，他真的不愿意寻到问题的真正答案。

"防守要紧呐！"

梁章钜慢吞吞地说："镇江城历来虽然城高墙厚，当年金兀术几万大军围攻都没有攻下，但是如今不比当年，我看英夷的洋枪大炮还是不易抵挡的。我们还是一定要好好防守！"

梁章钜所提到的，正是宋高宗建炎年间，金兀术率十万大军进犯镇江，敌众我寡，梁红玉提出埋伏之计，与韩世忠两人合计一番后，随即埋伏人马。韩世忠亲率战船，梁红玉则亲自在金山之巅的妙高台擂鼓指挥，最后把金兀术围困在黄天荡四十八天，狠狠打击了金军的嚣张气焰，可谓一场经典名战。

海龄继续道："大人，卑职这些天已经巡防了育婴洲、圌山关、焦山、北固山以及北门、近郊的炮台，防守的地形和力度还是颇为有益的。再加上我们的兵士以逸待劳，朝廷还要征调青州兵一起来防守，镇江城应该没什么大事的。"

大家听海龄如此一说，刚才紧张的气氛顿时缓和了下来。几位官员深深地叹了一口气，然后悠闲地喝起茶来，那简直是一种享受。几位官员仿佛陶醉在太平盛世，立即附和起来：

"有梁大人带领我们一起抵抗那些洋鬼子，一定不负圣望的！"

"镇江城固若金汤，谅那些洋鬼子也不敢来犯！"

"我们的红衣大炮也不是吃素的，炮位厚实，精度准确。英夷来多少，就让他们有多少归西……"

海龄没有理会这些奉承，只是从一位下人手里接过来一杯茶，淡淡的茶香沁人心脾，他用嘴唇轻轻地咂了一下，若有所思地端详着这一只天青色宣窑暗龙杯，欣赏着精美的名贵艺术。

梁章钜黯然点头："甚好，甚好。"接着又问："那如何布防，副都统大人给大家作个介绍吧！"

海龄站起身来，不紧不慢地走到了那张镇江城防图前，朗声道：

"英夷乍看勇猛，势不可当，只是他们远渡重洋，犹如强弩之末。我们在育婴洲、圌山关、运河口、焦山、象山等处已布置了各道防线，末将以为他们进攻镇江城也并非易事……"

海龄一边讲解，一边用毛笔在图上做记号。对知府祥麟等人提出的疑义，他也都一一讲解而化之。梁章钜默然点头，他环顾四周，看到镇江知府祥麟、常镇道周顼、丹徒知县钱燕桂等人除了阿谀奉承，没有任何实质性的建议，于是挥了挥手："你们退下吧！"

很快，他们几个一齐作揖："下官告退。"便蹑着脚退了出去。

府衙内只剩下梁章钜和海龄两个人了。梁章钜站起身来，在大堂内踱了几下步，然后用十分低沉的话语说：

"副都统大人，这几年你从张家口协中营守备，到宣化中营游击，再到西安右翼副都统，江宁副都统，到现在的京口副都统，可谓阅历丰厚。朝廷对你寄予了厚望，镇江城也在你的掌控之中，你的担子不轻啊。不管怎样，万事小心，驱逐英夷，拱卫镇江，万不能辜负皇上对你的拳拳盛意。"

海龄明白梁章钜说的"万事小心"这几个字的含义。如今的镇江城，围绕着一帮只知道阿谀奉承、点头哈腰的小人，如此奋力拼战的只有海龄这样的少数，巡抚大人所说的小心，不仅是对外，也是对内。当然这个时候容不得他多想，只得单腿跪下，慷慨激昂地表态：

"大人，卑职就算是赴汤蹈火，战死沙场，也不会辜负大人、辜负皇上多年来的知遇之恩……"

梁章钜对这番表态颇为满意，立即扶起海龄，说："海大人，请起！"这个时候，梁章钜在明亮的宫灯下边，才清晰地看到海龄是一个身材魁梧，虬须飘逸的中年人。他头盔顶上插有雕的羽毛，盔上镶绘着金光灿灿的花、云和龙，周围垂着貂尾，还有十二个缨子。再看看海龄的脸，虽然已经四十多岁，但由于保养得好，面皮红润，看起来只像有三十出头。同梁章钜的苍白、疲倦和忧郁的面容相比较，完全是两种情形。

"镇江城的防守虽然有刚才说的几道防线，也各有几座炮台，但是兵丁只有一千五百多人。"梁章钜突然把话题转入了正题，继续说道，"我们的兵员不足，这是个大问题。虽然我和总督牛大人多次提到这个问题，但是他也只是答应临时选调些青州兵来布防，具体多少还不清楚。历年用兵，国家元气损伤很大，如无必胜把握，还是以防守为主，你是镇江的防卫首领，总要相机进止，不可浪战。"

梁章钜把"浪战"两字说得比较重，生怕海龄听不到一样，接着又继续说："与其将这点兵马孤注一掷，还不如尽量保存这点家当，以后还有点用处。"

海龄又是作揖："大人所言极是，卑职绝不会浪战！"

梁章钜点头，道："每个将士在这城里都有父母妻儿，都是有血有肉之人，暴骨沙场，我又何其忍心。但消极对抗，那是对镇江城不负责任。你明白吗？"

海龄大为感动。这是他与梁章钜的第一次会面，却和以前听到的大相径庭。以前他只知梁大人上疏主张重治鸦片屯贩之地，强调"行法必自官始"，积极配合林则徐严禁鸦片，是坚定的抗英禁烟派人物。没想到他还怀有一颗忧国忧民的悲悯之心。海龄再次单膝下跪道：

"当今皇上是尧舜之君，大人又是千古圣臣，爱将士犹如赤子。以今日形势而言，如果和洋鬼子矛盾不可调和的话，一战不如一和，议和或许……"

"不！"梁章钜斩钉截铁，"如果可以议和，《广州和约》之后就能化干戈为玉帛了，何必到定海、镇海之战，到吴淞口失守，再到江阴危机……洋鬼子他们不是好人呐，狼子野心！"

跪在地上的海龄心里一惊，额头微微冒出了冷汗。没想到梁章钜对形势的分析如此透彻，中英在镇江必有一战，议和是万万搞不起来的。只是若是有战，他内心的担忧和无助是否可以和盘托出呢？

正想着，梁章钜扶他起身，问："英夷来犯镇江，经过的育婴洲、圌山关，这两个地方都是谁在布防？"

海龄回答："育婴洲虽是江中小岛，但地势险要，我前几日已经召集商议，由水师副将马应山布防；圌山关，也由另外一位水师副将李澄防守。他们都是忠心耿耿的老将了，绝对可以信得过的……"

梁章钜点点头，立即问："那马应山、李澄今夜可曾到？"

海龄心想，马应山、李澄刚就在这，怎么还问这话？又一想，梁章钜作为江苏巡抚，能认识知府、都统那是自然，而那些水师副将只是七八品的小官，不认识也不足为奇。于是解释道："已经到了，他们正在外面候着呢。"

梁章钜点头："叫他们进来吧。"

马应山今年五十多岁，高高的个子，胖胖的身材，由于终年征剿匪患和在江上巡逻，面孔晒得黝黑，好似熟牛皮，皱纹又多又深。他人长得没什么风采，再加上出身孤门微贱，言谈举止当然缺乏长袍大袖者的风雅。他被任命为水师副将这一高阶军职已经两年，仍然没有一点大官儿的派头，说起话来直来直去：

"梁大人，副都统大人，我是粗人，不会说话，我们育婴洲就这点兵力，就这几口旧炮台，怎么样和洋鬼子打？还要死命硬磕，这不是让人送命么……"

梁章钜和海龄都没有答话，倒是一旁的李澄岔开了话题："我们圌山关地势险要，再加上有大炮严阵以待，兄弟们气势如虹啊，一定能够取得开门红的！"

两个都是水师副将，但是给出了大相径庭的答案，确实令人深思。大家都把目光聚集到信心十足的李澄身上，别看这位二十多岁的年轻将领，又矮又瘦，脸上透露出一股稚嫩，但是履历并不简单。他早年跟着海龄剿灭过河南李文成起义，曾经有过一夜刺杀十八名农民军的经历，可谓身经百战。圌山关作为镇江城的东大门，海龄自然把这个重任交给了昔日的老部下、老战友。

梁章钜走了过去，轻轻地拍着李澄的肩膀，问："李副将今年几何岁数？"

李澄道："回禀大人，末将今年二十又四……"

梁章钜又问："那圌山关有大炮几何，士兵几何？"

李澄道："禀告大人，大炮二十八门，士兵一百三十八人……"

梁章钜大惊："偌大的一个关口，怎么就这点布置？……"他没有说下去，只是转头问马应山："那育婴洲呢？"

马应山大大咧咧，直言禀告："大人，育婴洲大炮四十五门，士兵七百二十三人。"

"你们兵强马壮，还妄言送命，你让圌山关怎么活？"梁章钜狠狠地瞟了瞟马应山，许久才道，"如今英夷来犯，国家兵源枯竭，不易应付。尔等泄泄沓沓，徒尚空言，不务实际，一到紧急时候，不能为国家、为皇上分忧，岂不是有负圣恩？"

海龄、马应山、李澄一齐下跪："卑职知罪！"

"罢了，罢了。"梁章钜手扶三人起身，道，"都是为国为君，尔等尽力而为。马副将如果有难处，可与李副将调换防区……"

"不！"海龄没等说完，抢先说，"马副将也只是一时抱怨，并没有说不能够防守。他们都是跟着我多年的部下，几斤几两我清楚得很。这几天，末将便会去视察育婴洲、圌山关的布防，亲自给他们鼓气，大家誓必将那些可恶的洋鬼子生擒，献俘府衙。"

"甚好！"梁章钜感叹一句，立即转身，只见身后不知道什么时候陈忠站在那里，双手展开了那张原本挂起的镇江防守图。原来那照明的蜡烛不知道什么时候已经熄灭，防守图在桌上的灯火映照下更显得熠熠生辉。梁章钜指着育婴洲、圌山等道：

"江中之防，唯有育婴洲；而江岸之防，则圌山最为重要。你们应该把兵力如此布置……"

几个人凑在灯下，认真研究起布防图来。已经是二更天了，府衙外的官员们一个个都已经有了倦意，但是万万不敢离去，有的在窃窃私语，有的在不断地叹气，有的干脆坐在地上倚着栏杆睡着了。深夜寒风骤起，随风肆意摇摆的大树，被黑夜吞噬，变成了魑魅魍魉，却不甘愿此刻的沉默和寂寥，发出凄凄的声音。一缕夜风，迷离吹风者点点心事。

"怎么到现在还没走，这个点是不是太晚了？"

"让不让人就寝了？夫人还在家候着呢……"

"天天如此，岂不是要我等人之性命呀！"

抱怨归抱怨，但是已经清楚地听到城里在打三更了。看见巡抚大人有点疲倦，海龄等人赶快告辞，叩了一个头，从府衙内退了出来。梁章钜而后跟着缓缓出门，众人大惊："大人，这么晚了，您还要去何方？"

镇江知府祥麟力劝道："大人，一切都已经帮您安顿好了，您还是早点歇息吧……"

梁章钜婉拒了大家的盛情，径直走到马车边，三步并作两步地跨了上去，这才转头对众人说："本官将去江阴城，那边战事相当危急，或许已经开战了。我梁章钜拜托各位，大家要为皇上，为百姓好好地守住镇江呐！"

大家一齐道："嗻！"

梁章钜又把海龄召到跟前，想了一下，耳语道："大人劳苦功高，责任重大，防卫之事老夫倒不担心，只是这城里城外，你还需谨防奸细呐……"

马车渐渐远去，在它的两旁，是一望无际的平原，江水浩浩荡荡从旁边流过。江滩上已经有早起的人们，举着火把在水塘里摸螺蛳。火把的光照在他们裸露的脊梁上，那上面滚动着的汗水正闪耀着晶莹的光芒。在他们的头顶上，深不可测的黑夜，飘浮着缕缕的云儿，它们悠闲地俯瞰着古老的镇江城，看着这个面临着深深危机的古城在艰难跋涉。

第二章　智破奇案

　　和梁章钜会谈三天之后，海龄踏上了育婴洲的土地。育婴洲本是长江中的一片荒芜的沙洲，东晋时露出水面，隋唐时期才有几个小沙洲连成一长形沙洲。到了宋代，始有小沙之称，据说开拓荒岛的前人在此生育了小沙的第一个孩子，于是后来便改名为育婴洲。

　　海龄并不是第一次来到此地了。他还记得第一次来是道光二十年，这一年特别怪，依照往年的这个时候，江南这一带在四五月份就是梅雨季节，而一年的大部分雨水也就在这两个月集中而至，到夏末秋初就应该是艳阳高照，秋高气爽了。但是这一年的镇江从一开春就酷热难当，几个月一滴雨也没有下，遂使整个江南大地干旱成灾，许多庄稼被旱死，有些地方颗粒无收。可是官府和朝廷的税赋并不会因为天灾而减少，大批农户拖家带口，迁往他乡，另谋出路，自然很多人迁到了一江之隔的小岛育婴洲上。海龄奉两江总督裕谦之令前来安抚百姓，却不料破了一起涉及天理教李文成起义的谋反案，处死了一干人犯共计五十八人，为朝廷立了大功一件，还得到了皇帝的奖赏。

每每想到此，海龄感觉到的不是自豪，而是一阵余悸和惋惜。他把眼睛瞟向窗外。

一望无际的长江近在眼前，天空灰蒙蒙的，田野里空荡荡的，寂寥无物。

细雨落在马车的雨篷上，唰唰啦啦。

"我们走了有两个多时辰了吧，还有多久才能到？"海龄有些不耐烦地问。

"回禀大人，应该还有几里路，很快就到水师衙门了。"

回应的是旁边骑马的一个年轻人，海龄不看也知道，是自己的侍卫陈忠。这次巡防育婴洲是奉了巡抚大人的命令，海龄为了加派人手，于是在知府祥麟面前好说歹说，才把陈忠要回到自己的身边。

"陈忠啊，你知道老夫此次为什么非要把你要回，带来育婴洲吗？"海龄慢悠悠地问。

"这……"陈忠想了一下，而后说道，"大人莫非知道小人是此地人，通过小的来熟悉这边的情况？"

海龄道："正是。你是育婴洲人，生于斯，长于斯，自然知道此地风土人情如何，由你带路最合适不过了。"

陈忠点头道："回大人，育婴洲聚沙成洲，乃江中之岛，此地大清民众都是周边地区的人聚集于此，人还是比较淳朴的……"

海龄打断了他，道："不。老夫觉得此地非但民风不是很淳朴，反而百姓成分复杂，或许是一个卧虎藏龙之地。"海龄停顿了一下，在陈忠耳边耳语一番："上次，知府大人甘露寺遇刺，其中刺客便有育婴洲之人。"

陈忠大惊："还有这等事？大人如何知晓？"

海龄捋捋胡须，呵呵一笑道："你们育婴洲人，说话方言十分明显，煞有特色。比如，你们这边说东西不说是东西，是'呆子'；回家不说回家，叫'家去'……上次抓到了那些刺客，连夜审问之时，我听到他们满口家乡方言。所以尽管他们都咬舌自尽了，但是我敢断定，刺客中必有本地人。"

陈忠拱拱手惊叹道："大人对本地的民俗风情都了如指掌，着实厉害！"

海龄拍拍陈忠的肩膀："此次来育婴洲，防卫是一方面。另外一方面，你也要时刻注意这边的各路人物，看看有没有和甘露寺行刺案有关人等。"

陈忠立即表态："小的明白！"

海龄和陈忠一路聊着，忽听得前面赶车的侍卫"吁——"一声轻喝，马车停了下来。"前面怎么回事？"骑马的陈忠立即上前查看，很快返回，道：

"大人，前面有人挡路！"

海龄立即下了马车，陈忠也下了马，他们一前一后向前去看个究竟。原来一帮人聚集在泥泞的路上，本来就十分狭窄的乡间小道被挡得严严实实，马车怎么也过不去了。距离此处不远是一个十分破败的小村落，有几间年久失修的茅草房正沉浸在蒙蒙细雨之中，在阴晦的天空下显得更加死气沉沉，了无生机。在他们的身后是弯弯曲曲的羊肠小道，一直通到寂寥的天边。雨幕的后面，雨水早已经淹没了路田的界线，如果不是有稀稀拉拉的小树做标志，几乎看不出来这是一条乡间小路。

在路的正中间，一位身穿铠甲、手拿皮鞭的军官正冲着几名士兵和几个百姓训话，一个浑身血肉模糊的汉子正蜷缩在路边的泥水里，只见他双手抱头不动，仿佛死去了一般。

那军官拿着皮鞭朝着地上的人一指，声色俱厉地说："各位，各位，你我都是大清的子民，食君之禄，担君之忧。国家现在有难，广东浙江诸多地方沦陷，洋鬼子长驱直入，占我河山，侵我家园，不让你们去前线也就罢了，如此破坏军防工事实乃大大的刁民……"

那军官边说边又要抡起皮鞭挥过去，那汉子恍如起死回生，顾不上身上泥泞，"嗯啊"地连滚带爬。雨水、眼泪已经分不清了，似乎逃避，似乎抗争。当军官鞭子再落下去的时候，一声断喝传来：

"住手！"

叫喊声正是海龄发出的，他看到地上的那可怜汉子，立即走过去，蹲下身子，顾不上泥水把他扶了起来。

那军官不知对方什么来头，只得慢吞吞地问："你，你，你是何人？"

"人人都是有父母兄弟姐妹的，大人何以出手如此狠毒？"

军官看着眼前有些瘦弱的中年人，"哼"了一下，不免愈发肆无忌惮起来："老子是奉马副将之命，彻查炮台焚毁案的，这帮刁民都是嫌犯，不光不痛快地招供，而且还敢私自逃跑，自然是做贼心虚……"

"炮台焚毁？怎么回事？"

军官身后的几个兵丁议论纷纷，有的说"本来这边防守就弱，洋鬼子来了还怎么守"，有的说"一定要严惩刁民，进一步拱卫长江防线"，还有的甚至有冲上前去，要拧打这几个所谓的"嫌疑犯"。

海龄脑中一片空白。前几天在巡抚大人面前刚刚表态，要在育婴洲的沿线上布置好江防，怎么就发生了炮台焚毁之事，莫非当中有什么情况？他想起了梁章钜大人临行所言"谨防奸细"。自古以来，每逢战争必有奸细出现，而堡垒很多从内部阵营瓦解，因此奸细不可不防。海龄摸出手绢，在冒着冷汗的脸上擦了又擦。

"这，这到底是怎么回事？"海龄厉声问道。

陈忠看出了大人的怒火，于是道："他们也不识大人，我们还是去水师衙门问问马大人，到底为何……"

听到这，那军官仿佛看出些端倪，小心翼翼地问："这位大人，敢问是……"

陈忠"哼"了一下，道："你真是胆大包天，狗眼看人低。这位便是负责镇江城防的京口副都统海龄海大人。英夷来犯，全凭大人殚精竭虑布置，今日巡查育婴洲，你们真是不知道天高地厚！"

那军官听到这里，立即明白眼前的来人真实身份，吓得赶忙把鞭子扔到了一旁，"扑通"一下跪倒在泥水里，那西瓜般滚圆的头颅捣蒜似的磕个不停，嘴里一个劲儿地说：

"小人该死，小人该死。小的真是有眼无珠，有眼不识泰山啊，不知道大人驾到，罪无可赦，罪无可赦！"

海龄见他有些识相，气也消了不少，问："你叫什么，当的什么差事？"

"小人江长峰，从八品骁骑校。小的在镇海水师衙门马应山大人手下当差。"

海龄点点头，指着泥水中的百姓，问："那你为什么打他啊，他所犯何罪？刚才说什么炮台焚毁啊……"

"是这样的，大人……"没等海龄说完，江长峰竹筒倒豆子似的说出了原委。

育婴洲一直以来在水师副将马应山的带领下布防，尽管一次也没有和英国人交过战，但依然在沿江设置了炮台。昨天夜里，一场大火把沿江的三个炮台的五门大炮全部烧毁，震惊了整个育婴洲。马应山得知后气得连连骂爹，强烈要求彻查，于是交办属下骁骑校江长峰限时破案抓人。江长峰不负众望，很快抓到了所谓的几个当天晚上曾经出现在附近的嫌疑犯。没有真凭实据，嫌犯们当然不认罪，被铐回去的路上奋起反抗，开始逃跑。江长峰气愤难耐，再加上这倒霉的天气，连阴雨一下就是好几天，搞得人心情郁闷，于是他的脾气异常暴躁，稍不如意就拳打脚踢的。刚才那位汉子就是因为饥饿无力想坐下来休息一会儿，就被他毒打一顿，昏死过去。

海龄听得心潮澎湃。育婴洲百姓善良，民风应该是比较淳朴的，怎么会发生这样的事情？但是不管怎样，官民平等，即使是嫌犯也应该享受与百姓同样的权利，不能因为发生了这样的事情就不分青红皂白地抓人、打人。退一万步而言，就算犯了死罪也得按照大清律例办事，切不可乱用私刑。

海龄问道："你们凭什么以为，他们就是焚烧炮台的人，有什么理由么？就是因为昨天夜里他们曾经出现在现场……"

"大人，"江长峰想了想，说道，"其实也有些理由，他们居住在炮台不远处的农庄，现场看来也只有他们熟悉地形……"

"混账！"海龄怒喝一声，"就是因为居住在案发现场的旁边，就能判定他们是放火的元凶吗？"

这时候，那些泥水里的乡民纷纷叩头："大人明鉴，小民是冤枉的啊，冤枉的啊！"

那个被皮鞭折磨得奄奄一息的汉子，也用微弱的声音说："冤枉，冤枉呐，大人……"

海龄指着他们，对江长峰道："他们，你再也不许用私刑。现在好生生地把他们带到水师衙门去，我去找马大人问话。"

"是！"

陈忠看了看泥水里的乡民，挠挠头，问："海大人，他们估计是受了伤，又挨了饿，现在连走路都走不动，怎么去？"

海龄想了一下，指着自己的马车，道："好好安抚他们，拿点馒头来，吃完后就用我的马车把他们带过去吧！"

陈忠疑惑："这，这怎么行？大人的马车……他们身上这么脏……再说，大人您怎么过去？"

"别废话，照办就是了！"

海龄"哼"了一声，转身大踏步径直走到一匹快马前，接过缰绳和鞭子，飞身跨上那匹枣红骏马，直奔镇海水师衙门。陈忠等一群侍卫也都跳上骏马，风驰电掣般地追随在他的后边。顿时，泥泞的大路上扬起来一溜泥水。

镇海水师衙门位于育婴洲的西南角，建于清朝嘉庆二年（1797年），原是防卫江南白莲教起义的重要江防场所，后改为京口水师副将办公之地。衙门坐北面南，主体建筑有育婴坊、大门、仪门、大堂等主体建筑，两侧分别建有监狱、吏舍等，水师衙门规模宏敞，布局严谨，峻宇雕墙，廊庑巧构，庭院静谧幽深。

海龄下了马，把缰绳扔给了侍卫，然后抬腿迈衙内。刚走了几步，他停了下来，似乎发现了什么，又倒退几步，看着檐柱上的楹联发呆。海龄不禁念了起来："欺人如欺天，毋自欺也；负人即负国，何忍负之。好联，好联啊……"

陈忠等侍卫不通楹联，不知道好在何处，面面相觑，一下子不知道说什么好。海龄不禁自言自语地说道："魏尚书不愧为为官者典范，真是值得我辈学习。"

正说着，马应山从衙内闻声而出，见到海龄立即带领侍卫等人齐刷刷下跪："末将不知道海大人驾临，有失远迎，失礼失礼。"

海龄点点头，挥了挥手，示意马应山起来，然后把他招至自己的跟前，问："马大人，这副楹联……"

马应山手摸着后脑勺，呵呵地傻笑着："大人，您也知道末将根本不懂得这些的。据说这里原无楹联，此联是巡抚梁大人视察重建衙门时增补的……"

"哦，原来如此。"海龄似有所悟，"原来是梁大人让人增补的啊，难怪难怪。"

马应山指着楹联，问："这，这……"

海龄想到了他的知识浅薄，呵呵一笑："马大人，你学识如此，你不懂这也不怪你。其实这联语为康熙年间刑部尚书魏象枢的名句，楹联写的便是我们这些为官者应具备的思想品德。欺骗别人就如同欺骗苍天一样，还是不要自己欺骗自己的好！辜负了老百姓就是辜负了国家，又怎能忍心辜负老百姓呢？这也就告诫我们为官者苍天不可欺，民心不可负！"

马应山连连点头："是，是，是！"

"是什么是？"海龄目光从楹联突然移到马应山脸上，吓得他似乎要出一身冷汗，只见海龄声色俱厉，"你们要是真的不负苍天，不负民生，为何要如此对待育婴洲的老百姓呢？"

有人悄悄告诉了马应山具体情况，马应山听后，立即知道副都统大人为何如此动怒。他定了定神，道："回大人，育婴洲这边昨日刚发生了一起焚烧炮台案。由于案情重大，末将已经让江骁骑校限期破案，据说已经拿下了好几名凶手……"

"胡说。那些都是普通的百姓，就凭他们居住在炮台附近，就认定是凶手吗？倘若这边发生凶杀案，或者你马应山被杀了，在你身边出现的人那便一定是凶手吗？"

海龄的震怒和责问，是马应山完全没有料到的，简直像冷不防当头挨了一闷棍。尽管他的性格十分倔强，也不由得轰然出了一身冷汗，脸色灰白，四肢微微战栗。他鼓着勇气回答："末将的属下也不可能平白无故抓人，能拿下的必定与此案件关联甚大。"

"强辩！"海龄又是一阵怒火，又问，"你是怕我怪罪，还是怕抓不到焚火凶手这才限期破案的，可这样的命令不是敷衍又是什么？"

马应山还想说些什么，但是看到海龄那异常严肃的眼神，再加上确实没有十足的把握断定凶手，他顿时感觉没有了辩白的必要，于是说了几句"是，是，是"以后，便不再说什么了。

海龄怒气未消："带我去现场看看！"

马应山迟疑了一下，道："大人，何不先到府上歇歇，我们再去现场。下官已经为大人准备了茗茶……"

海龄把手一挥，道："先去现场！"

马应山只得点头道："是！"

炮台离水师衙门不远，约莫三里路的间距。一路上寂静萧条，马应山走在最前头，海龄、陈忠等人紧跟其后，最后面是侍卫，还抬着刚才几位被打的民夫，大家呼啦啦地涌上了江堤。看着江水浩浩荡荡，海龄不免思绪万千。群山环抱着江水虚无缥缈，若隐若现，置身其间，让人心旷神怡，遐想连连。蒙蒙迷雾中，一切是那么不可捉摸，一切又都是那么耐人寻味。

海龄直直地在细雨中站立，细雨早已浸透了他薄薄的衣衫，而他仿佛全然不知，直到马应山喊他，他才回过神来。

眼前的炮台固然依旧，几门陈旧的锈迹斑斑的大炮，面朝着大江，仿佛陷入了深深的沉思之中。红衣大炮上烟灰四染，一看就知道被焚烧过的，只是炮口那里一切如常，仿佛根本不知道发生了什么事。

海龄满腹疑虑，问："奇怪，明知道大炮是用钢铁铸就，怎么会有人放火焚烧炮身呢？"

马应山不知道怎么回答，想了一下，说："或许，或许凶手并不知道大炮是用什么材料铸就的，就知道想要破坏，不如直接放一把火。可能也就没有想那么多……"

海龄摇摇头，没有说话。他绕着那只焚烧过的炮台看了一下，然后又走上一圈，最后目光落到了一截木棍之上。这木棍是倒插在地上的，上面的大半截比较洁净，下面的插入地下的那半截被泥水浸染，而且烧得乌黑，不知是何物。

海龄问："你们这边夜晚亮灯都是用这样的火把吗？"

马应山点点头："确实。这个应该就是凶手点火用的。"

海龄点点头，又继续转到炮筒前，闭上一只眼睛，另外一只眼睛对准炮口往里看。只是片刻时间，他大吃一惊，不由"啊"了一声。他赶紧定了定神，看了下周围的侍卫，然后指着陈忠等几个侍卫说："你们，你们去把那边的几根石柱子搬来！"

海龄指的方向是江堤的一角，那是加固江堤用的石柱子，细细长长的，每根都有两百多斤的分量。陈忠等几个侍卫刚下去，便有人上前向海龄作揖，道："大人，不知昨夜作案能有几人？"

海龄抬头一看，眼前的汉子正是刚在泥泞路上被江长峰鞭打得奄奄一息之人，只不过这时候吃了几个馒头，喝了几口水，立刻恢复了精神，不料竟然也问起了案件的相关情况。

"你，你，你难道也懂得破案？"海龄话说出口，感觉不妥，立即转换了话题，问马应山："马大人，你们有没有查出，昨夜此案为几人所为？"

马应山战战兢兢地回答："大人，这，这，这个……小人实在不知。"

"但是草民知道。"那汉子绕着大炮走了几步，十分自信地说道，"草民刚刚也简单察看了现场，我觉得昨夜作案只有一人，而且能够断定此人的身长体格如何。"

包括海龄等人皆是一惊，没想到籍籍无名之辈能够说出这样一番话，即便真相并非如此，但是都为他的这份自信和从容暗暗喝彩。那汉子不顾众人的表情，又上前几步，与海龄耳语一番。海龄刚开始诧异，紧接着紧张，最后露出了笑容，他最后宣布：

"这案子就让这位小兄弟代我破吧，哈哈。"

说话间，陈忠等侍卫已经将几根石柱子搬来了，石柱子实在太重，都是两个人，甚至三个人抬一根，大家累得气喘吁吁，直喊吃不消。那汉子轻描淡写地看了一下，"呵呵"几声，他也不客气，撸了撸衣袖，朗声说道："刚才副都统大人让你们搬几根石柱子，你们都累成这样，以后怎么和洋鬼子打仗？"顿了顿，他又说道："刚才海大人和草民说了，哪个能够单独一人把一根石柱子搬到这边来，百姓可以赏银子十两，官员可以当场提拔一级。"

这话在现场顿时掀起了一股议论的热潮，大家感觉这是在考验技能，看看有没有谁是有能者，能够居之得以提拔重用。尤其在海龄朗声宣布"这位小兄弟说的，我一定照准"后，大家已经把炮台焚火案抛到九霄云外，纷纷去搬石柱子，哪怕再难，放手一搏也好。侍卫、百姓，竟然连马应山、江长峰等人都去搬了，活生生一个热火朝天的施工现场。

只是半炷香的工夫，大家都垂头丧气地返回了，只有两个人顺利完成了任务。一个是叫张连三的村民，跌跌撞撞总算把那根石柱子独自搬来了，他高高兴兴地领到了十两银子的赏钱。而另外一人便是江长峰，他顺利地把石柱子搬到了海龄面前，跪下，道："大人，小人已经顺利完成任务！"

其实江长峰如此卖力，一来为了证明自己的真材实料，二来也是在众将士面前一展才艺，当然最重要的还是那个升官一级的承诺。从八品骁骑校跟着他已经有了四年多时间，一直想把这个"从"字抹掉，但是未能如愿。今天如此大好机会岂能错过？

可正当他得意扬扬，以为官职如愿以偿晋升的时候，那汉子却指着江长峰，厉声叫道："你，你就是凶手！"

汉子一说到"凶手"，人群中已经有了骚动，但是再看看他手指着眼前的江长峰，顿时一愣，惊得说不出话来。海龄也是暗暗吃惊，如此指正，有确凿的证据吗？

海龄捋了捋胡须，道："这位小兄弟，你是如何判断出他是放火的凶手的？倘若是还好，如果今天说不出个所以然来，你污蔑朝廷命官，那可是重罪。"

那汉子拱手向海龄作揖，道："回大人的话，草民正是有理有据，不然也不会如此贸然认定。"众人又是一阵喧闹。

汉子定定神，对着江长峰冷笑一声，道："这起炮台纵火案，首先要判断有几个人所为。我刚才从堤岸经过，发现那边的树丛中有一排脚印，连日阴雨，脚印十分明显。从步履看，应该是一人所为……"

海龄"嗯"了一下，又问道："那边树丛中或许一人可以上堤，难道就不可以从我们这边正常的路上来吗？或许当晚就是一个人从那边过来，而其他人从这边而来……"

汉子指了指炮台周围的围栏，又看着堤道："如果你是凶手的话，也不会从正常的路上来的，因为有侍卫看守，从此路上来必有所惊动，肯定不能悄无声息地制造这起案件，此其一。这地上只有一只火把，也应该可以认定是一人所为，此其二。焚毁炮台着实是个无奈之举啊，如果有两人以上的话，直接把炮架上的炮筒破坏，扔进长江，就无须放火了，此其三。"

大家纷纷点头称是，一旁许久没有作声的马应山也应着"所言极是"，海龄等人更是赞许有加，对眼前这个貌不惊人的年轻人另眼相看。

海龄继续问："那你又如何认定是江骁骑校独自作案的呢？"

江长峰哈哈一笑，道："是啊，怎么会认定我呢？就是我搬得动这根石柱？……"

那汉子呵呵一笑，走到炮口前面，指着里面，道："这里面，大家请看。"众人围了过去。炮筒里塞的正是和刚才他们搬的一模一样的石柱。石柱粗细得当，正好堵住了大炮的射口处。海龄接口说道："老夫刚才也看到了，大炮的射口处确实有异常，正是凶手把石柱塞在里面，堵住大炮，破坏工事的。而这根石柱起码有两百多斤吧，只有你们两个能搬得动……"

江长峰又是哈哈大笑："就算如此，即便我能独自搬得动石柱，也不能认定就是我干的！刚才大家也看到了，那个村民张连三也可以，或许他就是凶手……"

"不，凶手就是你！"那汉子又走到插入地面的那根火把前，把火把硬生生地给拔了出来，继续说道，"这火把明显是你点的，按照身材、力度、你持的高度计算，张连三根本不可能这样插入地面。"见众人不太理解，那汉子示范着把火把插入泥土里，原来右手正好和火把把柄相匹配，那张连三虽然力大，然而身材矮小，右手想要和火把把柄匹配，必须更加用力插入泥土里。

一番解释让众人心服口服，海龄也在心里默默赞许，好小子，分析得好有道理。尽管如此，江长峰仍然负隅顽抗，哈哈大笑道："仅凭一个火把插入泥地里，就认定我是凶手，岂不是太荒唐？"

汉子又是不慌不忙，在江长峰身边来回踱步，道："其实草民以为，昨晚的案发过程是这样的。江骁骑校夜里身着夜行衣，蒙面来到此处，用刀劈死两个侍卫，本想把炮筒拆散，却不料心有余而力不足。之后，又用蒙面黑布做燃火布，准备焚毁大炮，但是大炮的炮架乃是石头铸成，炮身都是铸铁，也根本无法焚毁。于是想出一招，就是将那边的江防堤上的石柱塞入炮身管内壁，才能达到意想不到的破坏效果……"

没等他说完，江长峰冷眼以对："哈哈，一派胡言，这也是你的推断。"

汉子走近炮身，在上面寻得一小片残留的黑布："这应该就是你作案时点火用的吧。"他又拿到了江长峰眼前，冷笑一声道："江骁骑校，你点火用的应该是松香粉吧，这上面就有松香的味道。如果我没猜错的话，你手上还有佩刀上，现在依然有这样的松香味道，敢不敢给大人闻一闻……"

此时，真相已经浮出水面，江长峰有些心急，后退几步，拔出佩剑。青光闪动，一柄青钢剑倏地刺向那汉子左肩。此等剑法快如闪电，众人惊得傻了眼，而此刻突然一把大刀从天而降，刀剑互动，"铮"的一声响，刀剑相击，嗡嗡作响，震声未绝。

那汉子早已被惊得目瞪口呆。身经百战的海龄也没有想到会发生如此变故。与江长峰以刀相搏的竟然是侍卫陈忠。陈忠学武已久，刀法自然纯熟，虽然和江长峰的剑法有所差距，不过在气势上稍胜一筹。两人刀剑之法迅捷，全力相搏，火光霍霍，相互已拆了三招。

江长峰的长剑突然在半空中停住不动，用力前送，剑尖竟无法向前推出分毫，剑刃却向上缓缓弓起，同时内力急倾而出。总算他见机极快，急忙撤剑，向后跃出，可是前力已经全然失去，后力未能继续，身在半空，突然软瘫，重重地摔了下来。这一下摔得如此狼狈，浑似个不会丝毫武功的常人。他双手支地，慢慢爬起，但身子只起得一半，又侧身摔倒。

原来陈忠久练内功，使刀的力气超然，在一阵全力以赴的拼搏中，内力大增。再加上气氛浓烈，众人一心要严惩江长峰，使得江长峰方寸大乱，突觉内劲倾泻而出，惶恐之下，以致摔得狼狈不堪。

江长峰一个鲤鱼打挺，猛地转身使剑，直劈向身后海龄的顶门。这一招虚虚实实，极是阴狠。陈忠想，如横剑去救，江长峰便会回剑刺自己小腹，如若不救，便可乘机将其拿下，但海大人必会被砍中。正是陈忠的犹豫不决，让江长峰钻了空子，他的长剑刚到海龄头顶，便立即从腋下回旋。陈忠不及举刀招架，剑尖已及其喉。跟着寒光闪动，江长峰落荒而逃。

海龄大惊："快，快缉拿凶手，快救陈忠！"

大家顿时忙作一团。几个侍卫追江长峰去了，马应山立即派人围住育婴洲的几个出入口。陈忠奄奄一息，紧紧握住了海龄的手，断断续续说道："大……大人，小的，小的，不……不……不行了，也不……不能再伺候您了……"

海龄把陈忠的头抱在怀里，大声呼唤："不，不，陈忠，陈忠，你挺住，止血，止血，大夫，大夫呢，人呢……"

一旁无人应声，很快倒是刚才那喋喋不休破案的汉子从远处跑来，手上拿着一把绿色植物，慢慢得用手揉捏碎了，然后过来蹲下，敷在陈忠的喉部。汉子解释道："这是育婴洲的紫珠草，能够止血解毒。"

海龄紧紧盯着陈忠，有些哽咽地说道："陈忠，你挺住，挺住啊……"

陈忠缓缓道："大……大人，江……江长峰焚毁炮台，定与洋……洋鬼子勾结，此……此事要彻查清……清楚……"

海龄含泪应允："一定，老夫一定查清楚。"

陈忠继续道："焦山刺……刺杀大人案，也定……定与此事有莫大的关联，或许其中也有……也有莫大的阴谋，大人……大人明鉴……"

海龄怒道："江长峰此等小人，老夫抓不到他，誓不为人！"

陈忠含笑点点头，又有些哀怨道："我要……要走了，只是……只是放心不下我……我老父老母，有劳大人去照顾，照顾……"

此刻，天空突然出现了太阳。夕阳斜照，映在陈忠的脸上，只见他目光散乱无神，眼睛浑不如平时的澄澈明亮，乌黑的脸上溅着几滴鲜血，脸上全是恳求的神色。这似乎触动了海龄的内心：过去的时间里，陈忠尽心尽力保护自己，每一次遇到危险，都是他第一个挺身而出。陈忠忠心护主，虽为下属，却似兄弟。他从来没有什么事求海龄，这是第一次也是最后一次恳求，亦是最迫切的一次恳求，海龄没有回旋的余地，立即点头道："是了，我答允便是，你放心好了。"

陈忠微微一笑，渐渐松开了抓着海龄的手，慢慢闭上了眼睛。脉搏止歇，也停止了呼吸。海龄心中一沉，他想要放声大哭，却又哭不出来。他站起身来，轻轻叫道："陈忠，你安心去吧！"

第三章　江堤战事

　　由于战事紧张，陈忠的丧事办得简单而迅速，白布白幡都省了，直接举行了悼念仪式，然后便草草地下葬。之后海龄、马应山带着侍卫巡视沿江炮台，等巡查结束的时候，已经月上柳梢头了。

　　由于有了江长峰焚毁炮台的先前教训，海龄让马应山加紧了沿江炮台的防卫，在靠近北江的一侧还专门设立了一个侍卫营，又一队人马轮流巡防。海龄走到营地，落叶满地，有一些乱石可以坐人。背后是一块巨大的岩石，可以挡住北风。明月徘徊林梢，地上树影婆娑。马应山和几位重要将领都已到齐，围着火堆吃干粮。大家都在讨论着晚上巡防的事，两个侍卫竟然为了能够巡防时间长点而争论不休。

　　海龄得知情况，夸奖了几句，又对大家说："我大清皇帝皇恩浩荡，威震四海，如此才有我们育婴洲的忠勇之士。英夷胆敢来犯，必让他有来无回。"

　　海龄简单了解了换防情况，准备打道回水师衙门，这时有人提醒：

"大人，是不是要去陈参将的家看看？"

海龄转身看去，竟是那名黑脸汉子。智破奇案后他一直没有离去，跟在海龄队伍后面一起巡查。马应山留意起他，准备留到水师衙门重用。海龄由于公务繁忙，未留意此人，这个时候听他这么提醒，倒是觉得这是个人才。

海龄呵呵一笑："小兄弟，还没谢谢你帮助老夫破案呢。只是这陈忠你熟悉吗，他的家，你知道在何处吗？"

那汉子道："回大人，离此处不远，就在那边的江堤底下。"

海龄点点头，道："哦，那我们去看看。"

那汉子作揖道："是！"

海龄边走边问："还没请教壮士高姓大名呢，如此足智多谋实属不易。"

那汉子道："草民祥云，此地育婴洲人氏。在下的祖上都是教书先生，父亲也是读书人，草民虽然是种田的，但从小也读得一些书，懂得一些道理。大人所谓的足智多谋，草民实在不敢当啊……"

马应山在旁边插嘴道："有什么敢不敢当的，有本事就是有本事，能够帮忙破案就是好样的。你以后也别在家种地了，到我们水师衙门去吧……"

"哎，马大人，如此人才，也正是老夫所欣赏的啊。"海龄接下去，又问，"祥云兄弟，依你之见，此次英夷进犯长江，镇江守卫如何布防，围城之战能否打得成啊？"

祥云道："我不知洋鬼子能不能打到这里，也不知道到底这里的防卫如何，但是草民觉得洋鬼子气势汹汹，广州、定海、镇海如此海防坚固的地方都能陷落，镇江之战如果打，不说一定会失败，那也将是一场恶战。"

海龄点点头："哦，那你有何良策？"

祥云道："镇江之战如果打，防守是主要的，定不能主动出击。确定战略防御的思想下，要以守为战，以逸待劳……"

"以守为战？以逸待劳？"

"不错。洋鬼子兵强马壮，坚船利炮，我们根本无法和他们的装备相抗衡，只能依靠城墙防守。但是仅仅防守还是不够的，还需士兵们吃饱喝足，引诱洋鬼子深入，或者出奇设伏、水陆夹攻，总而言之要想智取。"

"智取？"

"不错。退一万步讲，就算洋鬼子能攻入城内，镇江驻防军人必定会死战到底的，不光是因为大人的英明领导，而且这些将领、士兵皆是镇江人，他们都是为自己的家园而战，必定会流尽最后一滴血。"

海龄捋捋胡须，看着眼前二十岁左右的年轻人，不禁暗暗佩服起来。江苏巡抚梁章钜布置戒严镇江，只是一味要求严守，并没有提出具体打法，也难怪，他只是文臣出身，排兵布阵不可能十分周到，而眼前这位年轻人却另辟蹊径，提出了自己独到的观点着实不易，非一般"谋士"可比。但是以他这二十年的阅历，怎么会懂得如此之多，莫不是天才？

海龄好奇地问："这些战略防御之法，不知是祥云兄弟自己想出来的，还是……"

"呵呵，惭愧，惭愧。"祥云一边拱手，一边哈哈大笑，道，"草民本乃布衣，顶多算半个读书人，哪有如此独到的见解？"

"哦，那你为何能提出如此良策？"

"去年八月，我在鸣凤书院上课，后被先生委派到镇江府北固山，担任先生的朋友魏源的书童……"

"魏源？那可是前两江总督裕谦的幕僚！"

"正是。那次也是林则徐大人被遣戍伊犁之时，正好途经镇江府，我亲历了他们会晤的过程。也正是那次会晤，林大人把在广州期间根据英国人慕瑞所著的《世界地理大全》一书编译的《四洲志》交给了魏源大人，嘱托魏大人继续编写。魏大人在此基础上欲编成《海国图志》。我在帮忙整理的过程中才发现，这是一部介绍洋人历史和地理详实的专著……"

"这本书老夫听说过，只是魏源一直在编撰，现今也没有编成吧？"

"确实。我当时摘录了一部分，里面不仅有详细的地理知识，而且有和洋鬼子交战之法……"

"哦，甚好甚好！"

海龄、祥云等众人边走边聊，走在月影中，从荒寒辽阔的江岸上远远望去，颇显得寂寥。等走到拐弯一处下坡，再往前走几步就看到点点星火。大凡育婴洲江边的住户，几乎都是渔家，房子前面都有院子，以便晒网、补网、晒鱼干用。进了院子，祥云道："这便是陈参将的家了。"

两间简陋的茅草房屋内，海龄见到了陈忠的老娘。陈大娘尽管刚刚五十岁，但满头银发，满脸皱纹，说话缓而不急，走路一瘸一拐的。她的双手在前面一直摸个不停，似乎在找什么。再看看她的眼睛，一直睁着看往一处，眼珠一动不动。

海龄诧异道："这，这个，她的眼睛……"

祥云悄声应道："想儿子，哭瞎的。"

海龄悄悄走了过去，在陈大娘身边坐下，道："陈大娘，在下镇江京口副都统海龄，你儿子便是在我处当差……"

没等海龄说完，陈大娘哭着喊道："你们这些当官的，把我儿子带到哪里去了？我儿子啊，你在哪里，快快回来……"

陈大娘的哭声带着一种哀怨，也有一种无可奈何，但是在场所有人闻者伤心，听者流泪。海龄几次想要开口，到嘴边的话语又硬生生地咽了下去。如此凄惨之时，告知老人家噩耗，岂不是雪上加霜啊！

海龄拍拍陈大娘，道："大娘啊，这次你儿子让我们来看你……"

"儿啊，我儿在哪里，在哪里啊？"

海龄等人面面相觑，本带了银子来慰问，准备告知陈忠的死讯，然后安抚一番，只是这个时候此等情况，众人一下子也没辙了。突然，祥云走上前去，"扑通"一下跪倒在地，趴在陈大娘的怀中，大声地喊道："娘啊，儿回来了……"

海龄等人一下子不知所措，但是很快理解，双目失明的老人已经失去了儿子，何苦再让她承受这样悲伤的噩耗呢，还不如干脆将祥云认作儿子，了却她的心愿。

陈大娘和祥云这一对"母子"抱在一起大哭，共诉衷肠。海龄等人自觉地退到了茅草屋外。一弯银钩似的月牙倒映在水面上，被微风吹得起伏荡漾；夜空中的星星不停地眨着眼睛，微弱的星光洒落在宽阔的长江里，给浪花披上了迷离的色彩。

"海上生明月，天涯共此时。"

海龄突然想到张九龄的《望月怀古》，心里不断感叹，要是太平盛世，此刻手上再多一杯酒，那是多么美妙的事啊！他虽然痛恨战争，但是绝对有心抗敌，只是他还不知道，此刻英国军队的一股侦察小分队已经悄悄地上了育婴洲的岛屿，危险正一步步降临在他们面前……

这支英军侦察小分队是由亚波罗号运兵船的腓德烈司令带队，尽管只有十八个人，但是全部挑选的是英军中的精英。腓德烈原是英国皇家卫队的一名普通士兵，后来由于能力突出，武艺超群，被破格晋级提拔，担任此次征华第四十九团团长，掌管亚波罗号运兵船。他长得高高瘦瘦，胡须短小。他脸上带着英国军官惯有的神态：冷酷和坚毅。他是个随时准备为女皇陛下献身的武士，从来没拿自己的生命当回事。一个连自己的生命都不当回事的人，自然就更不会拿别人的生命当回事。所以，这次上岸侦察，腓德烈自告奋勇带领手下，深入育婴洲，如入无人之境。

腓德烈从船上跳上江岸，身后背着的洋枪晃来晃去，枪杆上面的米字旗随着江风猎猎作响，好像向滚滚长江宣称："我大英帝国来啦……世界上不落的国旗——米字旗——来啦，来啦！"

腓德烈整了整海蓝色的英式军装，站在江堤边的一棵树旁，吩咐下属："给我把望远镜拿过来！"

不离左右的是瓦尔中士，他听到后立即从包里取出望远镜，送到了司令的手上。没等腓德烈看完，他小心翼翼道："司令，此次进入长江流域，虽未遇到强劲的对手，但是定海、镇海、吴淞口的教训，不得不考虑啊。"

腓德烈看了一会儿，停下说："这个岛叫育婴洲，真不知道为何意，育婴育婴，难道与婴儿、孩童有关？"

瓦尔见司令没有听自己的，又忙道："司令，这次我们孤军深入，要谨慎行事啊……"

"你懂什么？瓦尔中士。我们沿长江往西，哪一战让我们吃了亏的？镇江城也不过如此。郭富总司令为了安全起见，令我们上岸侦察，也就是谨慎行事。"

说完，腓德烈脱下左手的白色手套，狠狠地瞪了瓦尔一眼，然后把单筒望远镜放到了右眼上，继续观察起来。

瓦尔被自己的上司呛了一下，一肚子气，但是又无可奈何，只得忍气吞声地说道："是的，是的。司令高见！司令高见！"

"瓦尔中士，你可知道，维多利亚女王很向往东方的山脉，尤其像眼前的这座不高不低的山……"

腓德烈手指的这座山，就是位于镇江东面六十余里，育婴洲西边二十余里的圌山，雄峙江浒，扼锁大江，上面架设了由瓜洲水师副将李澄防守的大炮。只是这个时候的英国人只觉得山美，没感觉那也是他们面临的威胁。

"是的，是的，司令！"

腓德烈的视线又转移到育婴洲大地，他把望远镜交给了瓦尔，整了整高高的额头，用手把金黄的头发梳了梳，看了看瓦尔高耸的鼻梁，说道：

"瓦尔中士，明天你就去那座山下的长江江面之上，测量一下水位，放入浮标，找出航道。当然要去得早，别让清兵发现，要快去快回！"

"是的，是的！"

腓德烈又看了看四周，道："育婴洲应该就是一个渔民捕鱼的小岛，今晚这边估计也没什么发现，我们再往前看看，如果没什么的话就回船上吧。"

腓德烈带着侦察兵进入了一片小树林。夜晚的树林太过于安静，原本存在的风声、蝉声仿佛都已销声匿迹，只有在空荡荡的带有血腥味的空气中，不时扩散着几声鸟的呜咽声，似乎是生命最后的挣扎，似乎又是临死前的求救。

"喂，你们是干什么的？"

腓德烈他们闯入的正好是渔民打鱼后，收网分鱼之地。包括陈老爹在内的十多个渔民正在不辞辛劳地忙碌，他们对这些不速之客感觉到诧异，看到黄头发、蓝眼睛以及一身军装打扮的洋人，立即明白了来人并非育婴洲居民。

陈老爹正是侍卫陈忠的爹。他照顾盲妻多年，平时靠打鱼为业。多年的操劳，他手背粗糙得像老松树皮，裂开了一道道口子，手心上磨出了几个厚厚的老茧；流水般的岁月无情地在他那脸上刻下了一道道深深的皱纹；他那原本乌黑的头发和山羊胡子也变成了灰白色。只有那双眼睛依旧是那么有神，尽管眼角布满了密密的鱼尾纹。

陈老爹厉声而问："你们到底是何人？"

"哦，老大，老大，我们是好人呐。"瓦尔中士是个中国通，他一边操着中国话一边用手比画着，道，"我们是来做生意的，乘船到这里就迷路了，转来转去，搞不清楚方向，想问下镇江府的方向……"

陈老爹见多识广，经验老到。看到对方来者不善，他们个个身着蓝色军服，身后背着挂了米字旗的洋枪，知道是英国的洋鬼子。他挥着手，朝西指了指，道："在那边啊，我带你们过去。"他又朝身边的渔民轻轻挥手，然后用育婴洲当地话，道："快禀报马大人，就说洋鬼子上岸了。"

　　这段时间，由于育婴洲的水师衙门宣告到位，普通老百姓已经有所耳闻，英军即将来到镇江，或许有一战，让大家有所防备。陈老爹他们自然知道情况。两个渔民听到他说的，立即跑走了。陈老爹和其他几个渔民带着洋人往西走着。

　　乌云将月亮遮住，在进行最后的酝酿，整片大地被笼罩在黑暗之中，树林原有的张牙舞爪也浸泡在一片死光之中，显得那么颓然无力。陈老爹看着天空，感叹一场暴风骤雨即将发生。

　　腓德烈一行人在陈老爹等渔民的带领下，来到了马应山所在的江防炮台侍卫营。已经临近半夜，兵士们已经完全休息，就留两人轮流休息。陈老爹看到营内一片安静，已知具体情况，于是故意大喊："前面就是了，大家快步走上去啊！"

　　腓德烈等人再往前几步，看到前方一排排的营帐，霎时明白上了当。他懊恼地骂了一句"混蛋"，然后从背后拿出那把长洋枪，迅速端在手上。本是对着陈老爹开的枪，一声枪响，却是旁边的一名渔夫倒地。原来陈老爹见形势危急，向前几步早已经滚翻在地，再一个鲤鱼打挺，急急往前跑去，喊道："洋鬼子来啦，洋鬼子来啦！"

　　陈老爹的叫喊声惊动了其他渔民，大家开始和腓德烈一行人展开殊死搏斗：有的直接用刀和木棍乱捅英军；有的则是用渔网网住敌人的头，再上前拳打脚踢。只是英军毕竟训练有素，刚刚有些混乱，在腓德烈的指挥下很快扭转局面，他叽里呱啦地叫喊着，号召大家沉着冷静，开始开枪还击，很快渔民们渐渐不支。

　　侍卫营的士兵也被叫喊声和刀枪声惊醒，他们立刻拿起刀剑投入了紧张的战斗。没有头领的号召声，没有冲锋的呐喊声，随着陈老爹的叫喊，他们一跃而起，纷纷向腓德烈等人发起猛烈的进攻。洋枪让士兵们很快倒下去几个，紧接着又有几个扑了上来。等这几个又倒下去的时候，清兵这才见识到敌人手中的洋枪的威力。很快，有洋枪配置的士兵也拿起了武器，不断地开火射击。

腓德烈一行人实在英勇，即便身边不时有同伴倒下，但他们依然保持着强悍的本色。他们嗥叫着还击，面无惧色。清兵不断倒下，后面的候补射手又迅速补上；英军也是前赴后继。双方杀红了眼，场面异常激烈。

很快，不到半个时辰，已经基本分出了胜负，由于腓德烈一行人少，清兵侍卫营倾巢而出，占据了场面上的优势，清军一方逐步取得了主动。英军这边最后只剩下腓德烈、瓦尔等五人，他们慢慢有些灰心，准备随时撤离。

不过令他们怀恨在心的，是故意引他们入包围圈的陈老爹，如果没有这厮带路，他们怎么会落到如此田地！腓德烈咬牙切齿，恨恨地想着，总希望找个机会弄下陈老爹，哪怕弄不死，弄伤也行。

机会来了。趁着陈老爹心疼渔民的空隙，他们一拥而上，围住了准备施救渔民伤员的陈老爹。陈老爹练得一身好武艺，陈忠的武功大部分就是他教的。但见敌人来围，于是一个鹞子翻身，拔地而起，跃到路边的一棵小树上。俯首一看，不得了，几只乌黑的洋枪对准了他。陈老爹虽有一身武艺，但一人难敌众人，只有招架之功，没有还手之力。

好一个陈老爹，他折了一根树枝当宝剑，舞得形如车轮，使得对方无法靠近。但是他很快便陷入了困境，由于他落脚树木太小，经他这一折腾，这段树枝突然断裂。陈老爹一下子从树上摔落在地，很快被腓德烈等人架住。

清兵这边看到这一幕，着实惊讶，为了不伤陈老爹，更是惧怕英国人手中的洋枪，不敢上前施救，只得眼睁睁地看着陈老爹被他们架走。

"快追！"

不知谁喊了一句，但是哪里还有腓德烈他们的踪影。士兵们胡乱开了一阵枪，只听到"啊"的一声，一名英国士兵倒地，腓德烈已经顾不上什么，丢下那名倒地的士兵，匆匆忙忙远去。

腓德烈看看身边还剩下的三个英国士兵，心里颇为着急。但再看看被他们架着的陈老爹，又有些欣慰。有了这个人质在手，至少还能拖延一下子。不过，这个人也是太坏太狡猾了，一定要尽快解决掉他。

夜空中，一丝光射穿了树上密布的枯枝败叶，映在了一只鸟的瞳孔中。而后，乌云慢慢开始退出天空，一点一点地将月亮呈现。那月亮是红色的，泛着鲜血的红色。腓德烈看了看天空有些无可奈何，只能和大家漫无目的地向前走着。他们也知道陈老爹是当地渔民，自然知道出路方向，但是又不敢问他。已经上了一次当，岂能有第二次？但是不问人，又如何走出去呢？腓德烈等就是带着这样矛盾的心理，走到了陈老爹的家门口，与海龄等人迎面而立。

祥云认识陈忠一家，自然认识陈老爹，当看到四个洋鬼子手中的他半死不活的时候，立即喊了句："陈老爹！"

陈老爹一开始闭着眼睛，突然听到有人喊他，立刻睁开了眼，见到眼前是自己人时，便在两个英国士兵手里挣扎起来，大喊道："别过来，别过来……"

海龄和众侍卫听到声响，立即围了上去。海龄厉声道："你们是什么人，快放下你们手中的人！"

瓦尔中士用中文道："这位是我们大英帝国的腓德烈司令，我们在此迷路了，没想到这老不死的给我们瞎带路……"

海龄大吃一惊，原来眼前的几位竟然是英国士兵。自从梁章钜大人要求严阵以待英国人入侵镇江，也不过几日时间，没想到英国人这么快就来了。以前他镇压过天理教起义，和外国人也曾经打过交道，但是身着军装的英国士兵还是第一次见到。而且此刻，他们手中还有一个中国人质，海龄一时有些不知所措。

很快，先前过来报信的渔民过来了，侍卫营的清军也都围了上来，腓德烈和瓦尔等面面相觑，然后迅速端着洋枪，准备拼个你死我活。

"你们赶紧先把人放了！"海龄厉声喝道。只是他们并不吃这一套，瓦尔中士继续用中文讲道："你们都给我们让开，让开，给我们带路，带路……"

双方对峙许久，但是优劣分明，清兵这方人多势众，围剿几个人不在话下，而英军寥寥数人，早已经成为刀下鱼肉，只是腓德烈明显不想坐以待毙，他说道："清朝大人，在下对贵国的士兵之英勇深感钦佩，但是你们人多势众，欺负我们这几个人，似乎胜之不武。如果愿意，鄙人想与你们切磋剑术……"

马应山早已按捺不住了："你的意思是我们单打独斗，就打不过你们了？你们小洋鬼子也太看得起自己了！"

腓德烈呵呵一笑："自信都是有原因的。如果切磋我们侥幸赢了的话，你们就要答应放了我们……"

马应山跳了出来："那还用说，你们输了，留下你们的人头。"

海龄本不想和英国人讲这些规矩，但是为了表明自身胜之有道，于是也便默认了马应山的做法。

高手相搏，胜负只在毫厘之间，马应山和腓德烈转眼间已过了七八招，两人身上的军服都被刀锋划得稀烂，鲜血把军装都浸透了。马应山的左踝和胳膊都被刺刀划开几道口子，不过那腓德烈也没占着什么便宜，他的肩膀和手臂也在淌血，尤其是脸上被刀锋从左至右划开一道横口子，连鼻子都豁开了。大刀与长剑之间相撞溅出火星，发出铿铿的金属之音。

海龄默默地佩服起这个异国的对手，身手不错，真有股拼命的劲儿。完全可以想象，清军在战场失利，并不是因为自身不好，而可能是对方更好。如此优秀的司令，真可谓不一般。

清军为了鼓舞士气，不停地大声叫好，在一片喝彩声中，马应山信心大增，只见他一个侧身躲开了对方的突刺，身子扑倒在地，砍刀贴着地皮呈扇面掠过，腓德烈突然惨叫一声，他正呈弓箭步的左脚被锋利的砍刀齐脚腕砍断，顿时失去支撑点，一头栽倒在地上。马应山闪电般翻腕就是一刀，腓德烈的脑袋和身子分了家。

瓦尔等几个士兵，见主帅已死，纷纷挥刀乱砍，在混乱中陈老爹被刺中腹部，青紫色的肠子已滑出体外。几个相熟的渔民抱着濒死的陈老爹连声喊："陈老爹，再坚持一下，要挺住呀……"他们的泪水成串地滚落下来，悲痛得说不出话来。

海龄脸色凝重地环视着尸体陈横的大地，英国士兵强悍的战斗力给他留下深刻的印象。那个脑袋和身子已经分家的腓德烈伏在一棵大树底下，海龄吩咐马应山，道："别的洋鬼子就不要多管了，随便找个地方埋了。这个什么腓德烈司令，找个地方，好好安葬吧！"

马应山不明所以，摸着头，道："这，这，我们自己的事还管不过来呢，还管他们……"

海龄叹一口气，道："我们的军人，有多少有如此血性的？别看你会打仗，到死若有如此这般，我也好好埋了你！快去吧！"

海龄又看了看陈老爹的尸体，指示也要好好安葬。陈大娘则由水师衙门负责养老。末了，他为了彰显陈氏父子为国捐躯，还特地提笔写下一副对联：

　　　一门父子两忠烈，
　　　满地君臣情义深。

　　海龄写完，执笔想了想，又写下横批：千载景仰！

第四章　首战圌山

镇江城东，润东马家村。

天刚蒙蒙亮，东方的天空隐隐约约出现橘红色的朝晖，沉睡了一夜的村庄开始从睡梦中醒来。鸡鸣声，犬吠声，柴扉开启声，农民匆匆忙忙出工的声音，渐渐响成一片。镇江的农村，不知道从何时开始，养成了这样一种作息习惯，农民们早上不管什么时候起来，不管农活忙闲，总得到地里忙碌一通，再返回家吃饭。

马家村总共有三十多户人家，除少许几户张姓、奚姓，其他绝大多数村民都姓马。据说马姓都是南宋名臣马廷鸾后裔，早些年从江西迁徙至此，见地势平坦，水草丰美，又毗邻圌山，无疑是世外桃源，于是决定永久居留下来。

海龄一行人从育婴洲返回，正好路过马家村。这一天的马家村似乎比平常苏醒得早，天还没有亮，已经是热热闹闹，吹吹打打。等到天刚刚亮的时候，鞭炮声响得震耳欲聋，锣鼓声鸣得村民全部聚拢。临近中午，全村的男女老少都来了，看看这一户到底有什么事。

海龄闻得声响，问周边的手下道："这是何事啊，为何如此喧闹？"

周边无人能答，祥云乐呵呵笑道："敲锣打鼓，自然是大喜事了。大人，乡野人家，贵客稀少，何不由大人领着去凑个热闹？"

海龄点点头，道："也好！"

于是一行人去了一户人家小院。但见小院子红色彩绸装扮，新郎头戴西瓜帽，身着黑色长袍，肩上斜挂丝绸大红花。新娘蒙着红盖头，穿着金线绣花大襟长袍，踩着红色绣花鞋。两个人正在交拜天地。交拜完毕，有人建议："乡亲们，今天新郎马天赐、新娘云红莲大婚喜典，何不让新人们唱上几曲，如何？"

"好……"众人拍手叫好。

琴声响起，新郎新娘也不客气，对唱了起来：

> 日出东方一点红，
> 众人帮衬搭帐篷。
> 搭起帐篷高高耸，
> 吃酒客人都走拢。
>
> 众位朋友来庆贺，
> 同吃喜酒堂前坐。
> 丹阳老酒满壶冲，
> 鸡鸭鱼肉摆满桌。
> ……

大家纷纷鼓掌，感叹他们唱得很好，只是喜悦中夹杂着一丝丝哀怨。

堂下宾客欢喜，又笼着愁云，一个高高的老者说道："若不是要去打仗了，新郎怎么会如此着急完婚呐……"另一个感叹："是啊，这场仗还不知道什么时候打完呢，更不知道能不能回来……"

海龄听到感叹声，忙问："怎么，新郎去打仗？打什么仗？"

那高个老者道："你不是本地人吧？这新郎名叫马天赐，他是圌山炮台的守兵。唉，可怜啊，马上洞房后，他又要很快去圌山炮台了……"

海龄点点头，让随从奉上五两银子，权当贺礼。新郎家人欢欢喜喜地收下。海龄捋了捋胡须，陷入了沉思……

正当海龄在村民家中庆贺婚礼的时候，英国军舰已经在陆军总司令郭富中将的带领下，闯入了圌山的江面进行军事侦察。

郭富是一个胖胖的蛮汉，红头发、连鬓胡，圆圆的红鼻子高高耸起，看到他的人都感觉他是一个十足的酒鬼。除了这些英国人比较明显的特征之外，最使人不能忘记的是他那凹下去的、如同绿豆一样小的绿眼睛，它们时刻发射出阴森的凶光，使人不禁想起那毒蛇般的眼睛。

腓德烈司令率侦察兵上育婴洲探路后，便杳无音讯，仿佛人间蒸发了一般，无奈他又派出了另外一支侦察兵上岸，当得知腓德烈等人全部被杀时，他先是震惊得说不出话来，随后又暴怒地抽出军刀将船舷上的一根桅杆砍成了两截。让他愤怒的是，在沿海城市连连大捷之后，竟然在镇江遇到了强有力的对手，他发誓有朝一日要亲手用军刀砍下这位京口江副都统的脑袋。

雾气蒙蒙的江面上，郭富所在的那艘英国武装汽船在来回穿行。郭富身着渔民的服装，用帽子遮住了脸部，不时地往圌山山顶窥探。之后，他手指着整个圌山的制高点，指挥下属——标入图纸。

负责协助他的是鲍埃斯司令，他曾经在中国当过假传教士，居住时间颇长，和大清臣民相处很久，因此对大清国了解甚多。不过对于腓德烈司令"壮烈殉国"，郭富中将为何不登陆育婴洲报仇，反而对圌山产生了兴趣，他有些不解地问："腓德烈司令英勇殉国，我们如何忍下这口气，总司令何不率领我们全体上岛……"

郭富命令着测量兵把圌山的标高、码头以及各个登陆点的位置一一定位，然后全部标入地图后，才说："司令殉国，忠勇可嘉，只是我们不能为了这小事而坏了大事。一个小小的育婴洲算什么，攻下简直不费吹灰之力。大英帝国的目标就是：镇江，江宁，而后才是长江沿线的城市……"

鲍埃斯呵呵一笑："总司令高见啊，这样大清皇帝岂不是要坐立不安，什么条件都得答应我们？"

两人边说边哈哈大笑起来。

把圌山的地形、地物、地貌等一一测量好了以后，郭富又命令革雷上士把江水的深浅、进攻的航道，也一一标注在作战地图上。

"革雷，差不多了吗？"

"总司令，数据已经全部搞清楚了，可以绘制成地形图。作战地图上面的航道和登陆点也已基本标好了。"

"很好，返航吧。革雷上士，你就去船舱里绘制地形图吧，标好作战地图，每个舰艇上至少分发两份，给每位舰长和司令，当然也要给我一份！"

"是！总司令！"

郭富看着革雷上士返回到船舱里了，突然问旁边的鲍埃斯："司令，这大清国的城市我们也见识了不少，你觉得眼前镇江这座城怎么样？"

鲍埃斯哈哈大笑起来："还不是大清朝的一座小小城池啊。大清没有林则徐，每座城池都是囊中之物。"

郭富点点头："夺得镇江，离江宁又近一步了。女王陛下三个月前就说过，江宁物华富集，大米、丝绸、茶叶，还有珠宝样样都有……啊，鲍埃斯，一切都在我大英帝国的怀抱之中啦，哈哈……"

郭富哈哈大笑，似乎陶醉在自己的幻想之中。他双臂叉开，闭着眼睛，遥向大海；如同一位大诗人一样摇头晃脑地朗诵着诗歌。而鲍埃斯看着这位顶头上司正在尽情地发挥表演，也很合时宜地努力配合着。然而正当他们开心的时候，一发炮弹不偏不倚地落在了他们身边的江面上，雷霆般地炸开了。

原来负责圌山防守的是瓜洲水师副将李澄，他参加完江苏巡抚梁章钜召开的镇江防卫会议后，便立即赶回进一步加强了布防。本来海龄巡防育婴洲，他也应该一同前往，但是他深知圌山炮台的重要性，加强了巡查，而且表示誓守圌山，这才没有成行。他每天早、中、晚三次巡防，吃住和士兵在一起，和大家同甘共苦，赢得了大家的敬重。当下属发现有英舰靠近时，于是他立即下令发炮抗击。

圌山炮台总共有三座，大炮共计二十余门，由于一直使用的是长管加农炮居多，射程不太远，准星瞄准也不是太精确，于是只是胡乱炮打一气，也不知对方损伤情况如何。但是也就是如此胡乱炮轰，便让郭富、鲍埃斯等吓破了胆子，刚刚还陶醉在喜悦中的他们，立即指挥着："快，还击，还击！"

英军这次派出的伯鲁多号和复仇号等几艘侦察船，火炮、火箭装置有限，再加上雾天原因和地形上的劣势，也是匆匆胡乱开炮，紧接着就没了反应。清军一鼓作气，又连发几炮，正好有一炮打到了伯鲁多号的后艄，英军士兵纷纷落水，惊得郭富哇哇大叫："混蛋，混蛋，还击，快给我还击！"

英国士兵看着地形和装置，实在无力还击。鲍埃斯力劝道："总司令，总司令，还是先行撤退吧。让攻击舰队过来打，快回吧……"

耳边炮声阵阵，郭富看到形势暂时无法逆转，只得大声喊道："回，回去……"

首战圌山关，清军可谓取得了较大的胜利。当正沉浸在大清子民婚庆喜宴中的海龄听闻此消息后，立即把端在手中的酒一口喝了下去。

"你说，你说什么？"

那兵丁再次很肯定地说："瓜洲水师副将李澄击沉英夷的舰队，他们先头部队已经狼狈而逃！"

海龄大喜，扔下酒杯，说道："走，去圌山！"

圌山四峰插云，横截江身六分之五，矶峻流急，自古就是江防要塞。前一年的年底，海龄履新京口副都统初际，便来过圌山巡防，他和山上楞严禅寺的主持渡远大师一见如故。他们谈佛论经，也闲议国家大事，竟然聊了好几个通宵。一连半个多月，海龄与渡远大师同吃同住，相见恨晚。此次海龄再次到访，自然想着再忙也得上山拜望大师。

闻得海龄到来，渡远大师早已经在山下等候。他身着灰色僧衣，身披红色袈裟，小腿肚上扎着的绑腿洗得十分干净，足蹬一双圆口的禅鞋，步履矫健。看到马车到达时他停下脚步，冲着下了车的海龄立即道了声"阿弥陀佛"，行了个标准的佛礼。

海龄双手合十，恭敬地回礼："阿弥陀佛。大师，我们又见面了。"

渡远大师道："大人远道而来，定是为英夷来犯之事。多谢大人为国为民，也保我寺平安。阿弥陀佛。"

海龄道："食君之禄，担君之忧，这些都是老夫理应做的事，大师不必介怀。只是苦了这些守卫的士兵呐。"

渡远大师道："李副将带兵有方，他的手底下也都是忠勇之士，但只怕英夷人多势众，我方寡不敌众啊。"

海龄道："大师放心。圌山乃险要之地，易守难攻，有我威武炮台防守，必定一夫当关，万夫莫开。今天早晨洋鬼子就有偷袭之事，被我方击退了。"说着哈哈大笑。

"或许只是偶然呢。"渡远大师有些忧虑地说，"英夷是坚船利炮，我方稍逊一筹，不得不防。老衲也已经号召了寺庙众僧人，组成僧兵，随时防止英夷上岸……"

海龄又是哈哈一笑："大师过虑了。"

海龄、祥云等跟着渡远大师慢慢上山，待走到山顶报恩塔的时候，众人不约而同地停了下来。

报恩塔为一座七级八面砖石结构楼阁式塔，通高约九丈多。塔身建于青石台基之上，丁砖砌筑塔身，边角砖雕仿木柱形。一层朝南北设龛门，南侧龛门镶"报恩塔"匾额。每层砖雕仿木重檐，仿木斗拱，各层朝不同方向设龛门。顶部八脊封檐，仿木砖雕檐椽，檐角上翘悬挂铁铃。塔刹覆钵基座，上承莲花宝瓶，雕刻精美。

海龄指着报恩塔问祥云："你可知这塔建于何时，又为何叫报恩塔吗？"

祥云跟着海龄左右多日，虽说留用但并无具体实职，应该正是考验他的时候，他时刻提防着。见海龄如此一问，祥云没有多想，便侃侃而谈："大人，小人读过书，但是书上似乎并无记载，在乡下的老人口中倒有相传。据说这座报恩塔建于明朝末年的崇祯年间，建塔之人为润东人士陈观阳。相传，陈观阳的父亲为一位塾师，因教训豪绅桀骜不驯之子孙达而被毒死，观阳为报父仇，在圌山楞严寺方丈收容下发奋读书，考取功名，除掉恶霸。为感寺院收留之恩，激励后人读书，捐资修建佛塔一座，名曰'报恩塔'……"

渡远大师呵呵一笑："阿弥陀佛，这位居士所言甚是。"

海龄"嗯"了一下，点点头，道："报恩塔的传闻颇多。也传闻这个陈观阳自幼家境贫寒，经悬梁苦读，终于考中进士，官至吏部尚书。为报答家乡父老养育之恩，鼓励后辈认真读书，倾其历年积蓄建成此塔……"

渡远大师道："大人所言甚是。此塔不管如何，都名曰'报恩'，知恩图报是做人的优秀品质，乃我佛学习楷模。"

海龄点点头："我们上塔吧。"

报恩塔不高，几个人依次登临塔顶。登塔眺望，便可看见北涯横卧着一条长龙，这便是万里长江。纵览大江风光，俯瞰镇江全景，观赏之余，陶然欲醉，给人以超拔升腾之感。

海龄看了下江面，一片平静，没有一条船只行驶，于是问："如此安静，怎么连一条渔船都看不到呢？"

渡远大师道："英夷来犯，渔船只得回港避难，此时谁还能有闲情雅致打鱼？就算为了生活，也不会不要命啊……"说着又是双手合十，又是一句阿弥陀佛。

海龄点头称是："英夷一日不灭，一日不走，岂能平安？"

两人正聊着，塔底一阵喧闹，有人闹着要登塔，一问之下才知道，原来是瓜洲水师副将李澄得知副都统到了，于是赶来迎接。海龄示意下人直接允许他上塔。

一阵请安后，李澄自责道："末将不知大人亲临，有失远迎，还请恕罪。"

海龄扶他起身，道："听闻你们只是开了几炮，便击毁英夷的舰艇，看来他们也是不堪一击啊。你们打了大胜仗，何罪之有啊？"

李澄微微一笑："还是大人英明，提前在此加强了防卫，大炮方位重新作了布置，我们上下一心，才能得此大捷。"接着，他又详细汇报了此次击毁英舰的具体情况。

海龄一边听着，一边点点头："此事我定要上奏巡抚、总督大人，还要上报朝廷，为你们记上一功。"

渡远大师看出了海龄有些自满，道："阿弥陀佛。大人，英夷受此重创，定会卷土重来，我们不可轻敌啊。"

海龄道："圌山原来不是叫瑞山嘛，自古便是一座王气颇大的吉祥之山。当年秦始皇东巡途经此地，见瑞气升腾，龙骧虎视，认为'瑞'有王者之气，怕出圣人来夺其江山，立即传旨将瑞字左边的'王'去掉，用'囗'将余下的字框起来，以免王气外泄危及万年江山，于是这才有了'圌山'。就是楞严寺建寺到现在也有五百多年的时间，有哪一次遭受血光之灾，或是战乱戕害的？老夫以为，镇江能够守住，只要把圌山好好保护便可，洋鬼子来多少也让他们有去无回。"

一旁的祥云听到此处，知道海龄在育婴洲剿灭了英国的侦察司令，圌山又取得一次所谓的"大捷"，便感觉英军不过如此。他感觉有必要劝劝这位轻敌的将军："大人，此言差矣。就算此次圌山击毁英夷战舰，也只是打的他们的侦察船啊，他们武器装备良好的战舰并没有进攻呢，此刻圌山关还是危在旦夕……"

海龄哈哈一笑，没有搭理："我刚临时起意，作了一首《竹枝词》，诸位听听如此赞誉圌山炮战可嘉？"他想了一下，对着大江即刻朗诵起来：

　　要隘疏防门大开，
　　分明揖盗不难来。
　　伤心直入圌山口，
　　才见夷帆抱首回。

一帮下属讨好地称赞，渡远大师念了句"阿弥陀佛"，倒是祥云有些焦急地道："大人，虽然李副将取得了一场胜利，但是英夷筋骨没有伤及分毫，我们不可轻敌啊……"

海龄又是一笑，没有搭理。

是夜，海龄再次登塔巡查江防，他和李澄、祥云等人正说着话，塔下不远处的炮台旁边，一阵喧闹声传来。几个清军士兵正相互推搡着，指责叫骂声弥漫，一时间场面仿佛有些失控。

海龄指了指那喧闹的场面，问："李副将，那边怎么回事？"

李澄刚刚在塔上，自然什么情况也不清楚，只得如实回答："大人，小人也不知道……"

海龄又问其他人，也都不明所以然，于是海龄手一挥："走，我们下去看看！"

海龄、李澄、祥云、渡远大师等一行人下了塔，走向炮台。沿途随处可见四处散发的小传单，上面写着"圌山即日可破，识时务者立即投降"的字样。海龄紧皱眉头，不知道此类传单如何而来，而士兵之间的相互推搡吵闹，大概与此有关。

润东这边人们多年来一直过着平静祥和的日子，不知道战争是怎么回事。但是有人传闻洋鬼子长得凶神恶煞，见到男人就杀，见到女人便淫，于是人心惶惶，有的说要搬到江宁去，有的说要迁到丹阳、溧阳等地，有的说干脆迁徙到育婴洲躲一躲……

小城镇尚且如此，知道些真相的清军士兵更是混乱不堪。不过胆大的倒是无所谓，尤其是跟着海龄参加过剿灭农民起义的，对于生死并不在意。而那些胆小的，则是怕得浑身发抖，有的打退堂鼓，有的甚至想着逃跑。海龄去参加过婚礼的那个新郎马天赐，由于刚刚成亲，舍不得娇妻，哭着喊着要回家。

清军士兵见到海龄、李澄等一帮人过来，不约而同地停止了吵闹。李澄有些急性子，道："吵，吵，吵什么吵。洋鬼子没来，我们自己人倒是先吵了，怎么抗敌？海龄大人亲到现场，你们吵成这样成何体统？"

海龄看了看每位士兵，虽然穿戴整齐，但是脸上写满的是焦虑和彷徨。尤其像马天赐这样的，脸上还挂着泪珠。海龄心里颇不平静，要不是英夷来犯，他们都应该生活得很好，尤其是刚刚成亲的，在家耕地种田，陪着娘子，生一大堆孩子，该有多么幸福。但是战争不是你不想来就可以不来的，既然来了就积极面对吧！

海龄朗声道："诸位，我很明白大家的心情。大家哪个不想好好过日子，哪个不想安居乐业，哪个不想在家好好陪娘子、陪孩子？大家的愿望，老夫都知道。"

士兵们沉默不语，一片寂静。

他走到马天赐旁边，掏出手绢，帮他擦了擦眼泪，问："这位小兄弟，你今年多大了？"

马天赐道："回大人的话，小的今年十九了。"

海龄道："十九了？那为何来当兵啊？"

马天赐含着热泪道："回大人，洋鬼子打过来了，朝廷又来招募新兵，于是我便在家人的支持下报名来了……"

海龄点头道："你的婚礼我是参加过的。你既有父母亲戚，又有新婚妻子，还有美好家园，何必还来受这份苦呢？"

马天赐有些哽咽，道："大人，刚才我也说了，要不是洋鬼子打过来，说不定我也不会过来……"

海龄又是点头，对着大家，道："是啊。谁不想过好日子，谁不想守着美妻娇娘，但是洋鬼子既然来犯，侵占我们的家园，大家说说，我们应该怎么办？"

"杀洋鬼子，保卫家园！"大家竟异口同声地喊到。

"对！大家有这个决心是应该的，更是对的！想我大清国，巍巍中华，让洋鬼子欺辱多年，运鸦片毒品，害我炎黄子孙，遭世人痛骂。林则徐大人虎门销烟禁毒，实为天下正义之举，人人拍手称快。而红毛英夷，竟以武力维护贩毒，侵我家园，欺我弱小，哪个热血男儿不拿起刀枪抵抗，那他就是孬种！"

"不做孬种！不做孬种！"又是一阵异口同声。

"再说了，那些英夷长毛，难道真的那么可怕吗？定海、镇海、吴淞口虽然失守了，那也是当地官员不作为。我们镇江在大家齐心协力下，我们完全可以相信，镇江一定能够守得住！"

"镇江一定能够守得住！镇江一定能够守得住！"

"杀洋鬼子，保卫家园！"

"我们镇江人民不是好惹的！"

"杀鬼子，杀一个够本，杀两个赚一个！"

……

整个人群沸腾了，有的举着拳头，有的挥舞着洋枪，有的跳起双脚……强劲的呼喊声、口号声交汇一起，发自士兵们的肺腑，响彻了整个圌山……

好一会儿，海龄拿了一张小传单，道："至于这些无谓的单子，都是汉奸所为，我们为何要惧怕？"海龄把传单撕碎，纷纷扬扬撒了一地。

大家心里立即释然开来。

清军士兵即刻散去，此时已经是月上柳梢头了。海龄、祥云等去了楞严寺，在膳厅吃了点斋饭、斋菜，然后住进了禅房。

夜晚，海龄睡不着，便走出房门，走进院内赏月。这是楞严寺最大的院子，院墙逾人高，砖砌，朝南有扇小门。推开门，是坐东朝西的大院落。靠西侧有花坛一座，栽有花卉，北边围墙有简陋的披房，堆放着柴火、钉耙、水桶、扁担等物。花坛的对面（朝西）的山墙非常高大，中间有双扇大门，拾级而上（约五级台阶），推开门，便是膳厅和厨房。

"大人，还没有睡吗？"

海龄转身一看，原来是住在隔壁房间的祥云。祥云和几个卫士住在一起，实在不习惯，看到门外有黑影闪过，以为是刺客，再推门而出，才看清楚是海龄。

"大人，圌山关防卫大家齐心协力，定能守得住的！"这个时候，祥云反而安慰起海龄来。

海龄叹一口气，道："你以为老夫不知道我们圌山关的实际情况吗？老夫今天又是大加赞赏，又是褒扬，那是不想动摇军心呐，也是号召我们的将士能够守得住圌山。只是圌山关守军只有一百三十多名，大炮也只有二十多门，何以抵挡英夷啊？"

"大人，当务之急，急需调兵过来防守啊……"

"我已经着手准备了，准备把朝廷从江宁拨来的四百名青州兵调来巡防，还有镇江铸造坊的大炮，至少还要再运三十门来……"

祥云惊叹海龄做事迅速，想了一下，又说："大人，除了防守备战，小人以为还有一事必须引以为戒……"

"何事？"

"如今人心惶惶，那些小传单的散发，还有育婴洲炮台故意损毁，都印证了那句日防夜防，家贼难防。大清军民士气如虹，但是我们不得不防汉奸啊……"

祥云提到"不得不防汉奸"，海龄又想起了梁章钜的那句"谨防奸细"，莫非堂堂中华大国，真的有那么多为敌卖命的汉奸吗？但是从焦山行刺案、江长峰蓄意破坏育婴洲的炮台，再到此次散发传单，蛊惑人心，那确实有理的。

海龄叹口气，道："确实，江长峰这厮还没有捉拿归案。我们身边肯定还有很多这样的人，回去之后，你就负责此事吧。"

祥云大吃一惊，道："我？大人，这……小人何德何能，如何担当此重任？"

海龄摆摆手："江长峰的骁骑校位置，也就由你顶替上吧。记住，镇江府的奸细，你要一个不漏地帮我查出来！"

祥云立即跪下，道："遵命！大人的知遇之恩，小的没齿难忘！"

是夜，两人在同一房间相谈，后在同一张床入眠。

第五章　血战到底

海龄、祥云等一行人是第二天一大早便从圌山返回的。那是得到了属下的报告，两江总督牛鉴已经从江宁启程赶赴镇江府，不日便到。按照惯例，上级官员尤其是总督之类的封疆大吏莅临，镇江知府、京口副都统等都得一齐到西津渡迎接。海龄得知了消息，立即换了衣服，吩咐手下收拾行装，然后指挥下属："备马，我们出发！"

下了圌山，海龄大踏步向骏马走去，下属们互相望望，跟在他的后边也走了过去。他接过来缰绳和鞭子，飞身跨上骏马，直奔镇江府。祥云和一群亲兵也都跳上马，风驰电掣般地追随在他的后边。干燥的大路上扬起来一溜烟尘。

走了约莫半个时辰，大家停在一条大河旁。海龄下了马，喝了几口水，把祥云招到面前道："你之前是跟谁学过功夫？内功颇有些根基，但是不可冒进……"

祥云大惊，忙问："大人何出此言？莫非小人……"

海龄神色严肃，小声道："昨天睡至半夜，你从怀中拔出匕首，突然举臂运劲，挺刀正要刺向我时，我突然惊醒。估计你走火入魔，做甚噩梦了，幸好我及时制止了你，你这才酣然入睡……"

祥云脸色大变，突地跪下，道："小人怎敢刺杀大人，小人罪该万死啊，还请大人恕罪。"

海龄扶起他，道："老夫明白，只不过不管练武习道还是勤练内功，总得循序渐进，切不可贪婪冒功。尤其如今战事甚紧，事务繁多，更得注意休息，身体不可出任何的岔子。"

祥云感激地道："谢谢大人教诲，小人自当铭记于心！"

海龄点点头，抬头望去，眼前的河流像一束丝绒似的在阳光下灿然闪烁，在两岸赤杨和柳树之间，飞星溅沫，迤迤穿过大地，于是道："你可知这条河是什么河？"见祥云摇头不知，又继续道，"这条河看上去不大，但却是鼎鼎有名的京杭大运河。"

祥云"啊"了一声，道："京杭大运河小的可是知道，这是隋朝暴君炀帝开挖的一条河流啊。皮日休曾经诗云'尽道隋亡为此河，至今千里赖通波'，虽说炀帝残暴有过，但是修此河的功劳也是不可不提的啊。"

海龄道："确实，这是运河漕运的枢纽，也是历来兵家必争之地。这次英夷深入长江流域，估计也是想切断这京杭大运河的漕运……"

正说着，前方有匹快马来报："启禀大人，总督大人的船队已经隐约在江面看到，就快到西津渡口了。恳请大人加快行程，以免误了迎接总督大人的时辰。"

海龄点头："此言甚是，我们赶紧上马，快些行事。"

西津渡依山临江，风景俊秀。这里自古东面有象山为屏障，挡住汹涌的海潮，北面与古邗沟相对应，临江断矶绝壁，是岸线稳定的天然港湾。早在六朝时期，这里的渡江航线就已固定。规模空前的"永嘉南渡"时期，北方流民有一半以上是从这里登岸。经过一千多年的发展历史，这里形成了固定的渡江码头，清朝康乾盛世这里繁华依旧，到了道光年间，繁忙的时候一天就有几千人进出。

得知两江总督大人亲临镇江府，沿长江东行走的水路，而后从西津渡下船，于是镇江知府祥麟一声令下，整个西津渡马上静街，家家关门闭户，不许闲杂人等在街上行走。各城门加派守卫，以防意外，并派马步哨官带兵沿街巡逻。西津渡口边，也增加了许多卫士，分立两行，箭上弦，刀出鞘，明盔亮甲，威武肃静。祥麟赶快换上五品文官冠服，带领少数亲随，在渡口静静等候。

海龄抵达西津渡的时候已经下午时分，早过了午饭时间，他顾不上饥肠辘辘，下了马后把马绳一扔，便站在西津渡口四处眺望。周围镇江知府祥麟、常镇道周顼等人率领全体文武官员——文左武右，依照品级大小，分列官道两旁恭迎，他们看到晚到的海龄，不禁埋怨何不早些。不多时，一队仪仗执事和锣鼓开道后，一座八抬大轿缓缓下了船，之后在一队数百亲信的将校和卫士的前呼后拥中，两江总督牛鉴下了轿，众人齐刷刷下跪："下官等恭迎总督大人！"

牛鉴胖胖的身材，满面油光锃亮，身着宽宽大大的朝服，犹如弥勒佛祖降临。他远远望见一起跪下迎接的镇江府官员，眼睛一亮，唇边闪过抑制不住的笑容，浑身一紧，眼看就要跑了起来。很快，他又皱皱眉头，熄灭了一脸兴奋的光彩，恢复了原有的庄重。

牛鉴右手一抬，示意大家起来，他抱拳还礼，微笑点首道："大家好，一切皆好！"然后对大家说了几句慰勉的话，随即继续赶路，趁着暮烟四合，进了镇江城内。

牛鉴是嘉庆年间的进士出身，登第时只有二十九岁，但从此步步青云直上，一帆风顺，几年前就做了粮储道、按察使、府尹、布政使等。虽然少有建树，但是实在很会迎合皇帝的意思，后来署江苏巡抚，不久，升为河南巡抚，后又授两江总督。牛鉴遇事虽不能不骄不躁，深谋远虑，但却深得圣意，哄得龙颜大悦。英军入侵浙东，危及江苏，牛鉴抵任后，一度曾以"江、浙毗连"为由，奏调防海。道光帝谕其对"江苏各海口，防堵事宜，亟须筹办，务使处处有备，不致临时周章"。事实上，牛鉴对防堵事宜，很少过问，只是在奏章上渲染英夷被歼，沿海大捷的消息，惹得道光皇帝喜不自禁。防范英军沿长江内侵，自然不仅仅是江苏巡抚梁章钜、京口副都统海龄的事情，更是这位两江总督的重要职责，他不但希望获得大胜，而且希望把璞鼎查、郭富等英军总司令在阵前俘获，献俘阙下，让皇上龙颜大悦，或许才能封赏有嘉。

到了知府衙门，他稍事休息，分别传见副都统海龄和几位副将，简单地询问了前方军情，便吩咐海龄等几个人留下，其余的将领们立即回防。他屏退左右，说了几句寒暄和慰勉的话，拈须笑道："海龄兄，江宁一别多日，甚是想念，近来可好？"

海龄欠身说道："托大人的洪福，小人很好。只是英夷来犯，诸事繁多，如果抽得时间和大人痛饮一杯，那自当是很好。"

海龄上一次和牛鉴喝酒，那是在江宁的牛首山上。那是他围剿天理教李文成起义的最后关键时刻，把一干人等围困在一个小山上，于是两人在一边喝酒，一边等着众将士捷报。海龄之前对他知之甚少，也只有那次得知牛鉴不仅贪图享乐，而且凶狠残暴，对起义军将士杀戮殆尽，那些女人全部留给他和下属享用。海龄自是觉得不是同道中人，适逢英军来犯，朝廷也有意让他驻防镇江，于是他顺水推舟，离开了顶头上司和是非之地。

牛鉴哈哈大笑："甚好甚好，今天我们只谈风月，莫论国事，刚才祥麟禀报已经在西津渡的翠香楼摆上了一桌，盛情难却啊，大家好好痛饮一次如何？"

海龄听闻此言，"哼"了一声，道："如今英夷来犯，兵临镇江城下，圌山关亦是危在旦夕，大人有此雅兴，小人却不敢懈怠……"

牛鉴颇为不悦，但不想失去和气，于是道："海龄兄，洋鬼子来犯，老夫自有办法。江阴鹅鼻嘴炮台拆了，也是诱敌深入嘛，如今我已经深思熟虑，将要派出三道伏兵，定让他洋鬼子有去无回……"

说到江阴鹅鼻嘴炮台，海龄的气就不打一处来。鹅鼻嘴炮台逶迤临江，因山势蜿蜒多姿，形如鹅伸鼻江中而得名。清康熙二年（1663年）开始修筑炮台，道光十三年（1833年），在鹅鼻嘴南北岸构筑炮台，设险守御。然英国人沿江西进到达江阴，这个鹅鼻嘴炮台便是这位两江总督大人的一声令下拆除的，导致镇江提前进入了战备状态。如果鹅鼻嘴处有一抵抗，至少镇江还能备战十多天，而现在这个悲惨往事又说成了是牛鉴的运筹帷幄之策，海龄气愤难平，道："大人，鹅鼻嘴炮台到底为何拆掉，你比我心里有数。属下事务繁忙，还得进行江防巡查，告辞了！"

见海龄竟如此公然顶撞自己，牛鉴真是火冒三丈，但是听镇江知府说，守卫镇江城全靠海龄所为，所以即便有气也不好发泄，只得眼睁睁看着他离去。

海龄走出府衙，带着侍卫等回了趟家，和夫人郁兰见了面。郁兰见到风尘仆仆的海龄，忙问："老爷，你回来了，用过膳了？"

听了夫人的问话，海龄才意识到自己和一帮属下忙得连午饭都没来得及吃，立刻吩咐道："还没吃呢，快安排吧。"

饭菜很快便上来了，海龄招呼着一行人赶紧吃饭。不到半个时辰，海龄见大家吃好喝足了，这才问起夫人："这几天外出，家里可好？"

郁兰道："一切尚可。只是老爷出门几日，我担心有战事，一天到晚都待在家中，不敢外出。"

海龄点点头道："这几日英夷还在下游地区，再过几日，就说不好了。"

郁兰焦急地问："老爷，那到底洋鬼子有没有过来，会不会打到这边？"

海龄道："洋鬼子已经到了育婴洲那边，圌山近几日看样子也有战事，镇江之战可能不可避免。不过夫人莫怕，我不会轻易让他们进城的……"

郁兰忧心忡忡道："那怎么听说，知府大人发布告示，洋鬼子已经不在长江了，请大家放心。而且还有一位姓叶的大人报告说英舰已经到达江阴江面，知府大人派人去查看，根本没有踪迹，于是把此人治罪了……"

海龄大惊，忙问："这个祥麟，怎么如此做事？"

于是赶忙吩咐手下具体再去探查情况，有什么消息立即来报。

过了很久探查消息的属下没有来，倒是祥云过来了。祥云奉命清查汉奸一事，颇不顺利，他埋怨道："大人，此事知府大人已经命人关闭城门，一律只许出，不许进，他还抓了一大批饥民，说他们就是汉奸……"

海龄又是一阵生气："乱弹琴！"

祥云小声道："据说，据说这也是总督大人的意思……"

海龄想到牛鉴来到镇江，没有布置任何防敌事宜，倒是一心想着如何饮酒作乐，一时气愤难平："这个老匹夫，老夫恨不得杀……"

海龄没有说下去，现场毕竟有多人在，难免有人向总督大人告状，自己没有必要惹祸上身。他看了下大家，吩咐祥云继续去看看那些饥民到底何人，到底有没有汉奸，然后示意夫人上茶。

一会儿工夫，先前探听消息的侍卫返回，原来大街小巷到处张贴了知府大人的高谕：

> ……先前有闻英夷入江东侵，朝廷已开炮击退，散兵游勇游弋长江南北。若有擒得者，赏银百两……

"混账，洋鬼子都要打进镇江城了，还会有这种鬼话说出来！"

海龄的火气还没有消停，很快又听到一个十分震惊的消息——圌山关失守了。

英国陆军总司令郭富中将率领舰队在圌山关下的江面巡查，后被京口水师副将李澄命人胡乱开炮击中，狼狈逃出了几十海里。当那日清晨海龄回镇江城之时，他已经率领大英帝国的皇家海军舰队，一条条排列陈行，行成了炮轰圌山码头、炮台和润东小镇的战斗序列。战争的乌云已经窒息着这座远古形成的山脉。

郭富中将穿着整齐的皇家海军将军服，带着雪白色的手套，全身都是洁白的，如同一位慈祥的绅士。虽然有过被炮击中的沉痛经历，但是他今天的心情颇佳，他在甲板上踱来踱去，一会儿看看蓝天，一会儿看看长江，然后又吩咐鲍埃斯司令："把我的信件拿来！"

"不，不，将军阁下！" 鲍埃斯道，"我觉得在没有占领镇江这座城市的时候，还是不要拿给你看吧，以免影响阁下愉快的心情！"

郭富哈哈大笑："在占领镇江之前，我能读到玛丽小姐的信，也是一种特别的享受嘛。在这样的情况下回信，我相信玛丽小姐也能够分享到我的喜悦。"

"可是，可是……"

"没什么可是的，一切都该面对的。愿上帝保佑我皇家海军！"

"哦，那好吧，我念。"

鲍埃斯慢慢打开一个写着英文的信封，然后慢慢抽出里面的信纸，打开念道：

郭富先生，骄傲的英国皇家陆军总司令：

本来我已经心灰意冷，永远都不想和你说什么，但是为了我们两人过去的爱情，也给你我最后的机会，我再次表明我的态度，只要你悬崖勒马，尽快回到伦敦，继续研究你的理论科学，不再在东方为非作歹，玛丽也将天长地久地属于你。

倘若你还在东方杀人放火，我不会饶恕你，上帝也不会饶恕你。玛丽也会另作安排，你也不必再等了……

鲍埃斯念到最后，声音慢慢放低，语速也渐渐放缓，他紧张得满头大汗，生怕眼前的上司听后不悦，反而迁怒于他。不料郭富听了哈哈大笑："这个可爱的小姑娘，真是纯洁天真啊。东方这个天朝大国如此富饶，还让我回去搞科学研究，简直是异想天开嘛。不过我也是挺想她的，想她能够进入我的怀抱，能够亲吻……哈哈，哈哈……"

鲍埃斯尴尬地赔着笑："哈哈，是啊。将军带着一串串珍珠，带着一件件金银首饰，带着一匹匹绸缎荣归之时，玛丽一定会奉你为英雄，不顾一切地投向将军的怀抱的……"

"哈哈，所言甚是啊，甚是啊！"

郭富的情绪由喜悦慢慢变成了阴沉。他那绿色的眼睛射出毒蛇般的光芒，他把他手上的白手套脱了戴，戴了脱，露出了吓人的黑疤。这些伤疤是他跟着威灵顿公爵在葡萄牙、西班牙等地参加对拿破仑的战争留下的。

鲍埃斯用望远镜看了又看，放下后指着远方，道："报告将军，已到下午四时许，圌山关内虽然发放了劝降告示，但是那边无人投降，也无任何说法。圌山码头平静异常，只有二十多条渔船停泊在那里。"

郭富拿起望远镜，看了看，道："确实比较诡异啊，莫非有伏兵？"他想了一下，道："去，去把那个江长峰带上来！"

江长峰正是那个焚毁育婴洲炮台的汉奸，早前在江上巡防之时，曾经被英国人捕获，后来彻头彻尾地沦为为英国人办事的奴才。那日他杀害陈忠，在众人围堵下努力杀出重围，后来辗转到英国舰艇上来。英国人见他通晓镇江防卫相关情况，或许还有些用处，便把他留了下来。

江长峰一身渔民打扮，早已经没有了大清朝骁骑校的模样，见到郭富满脸堆着笑，道："将军，将军，有何赐教，有何赐教？"

郭富看了看他，问："那边的圌山，清国到底有多少守军，多少门大炮？"

江长峰谄媚地说道："将军呐，圌山那边清军不多，以前我过去巡防过，只有几十人。如今，估计顶多也就一两百号人吧。至于大炮嘛，没有几门，也是普通的铁炮，没有杀伤力，射程也不远……"

郭富点点头，道："那依你看，我们应该如何攻占呢？"

江长峰稍一沉思，道："依小人看，我们大英帝国火炮十分了得，射程又远，我们只要多发炮弹，连续不断，早点摧毁那炮台，那边守军自然没有还手之力。然后我们趁机上岸，圌山关就能很快陷入我军之手……"

郭富点头，颇为满意，又问："那我们又如何登岸，地形你熟悉吗？"

江长峰点头道："我熟，我熟，我带路，带路！"

郭富和鲍埃斯相视一笑，而后指挥英舰："全速前进！"等距离圌山还有十多海里的时候，郭富再次下令："先试射！"

"轰——轰——轰——"

一阵阵火炮的轰鸣声打破了长江的寂静，几声炮响之后，圌山顶处处出现火光和浓烟，清军士兵惨叫连连。而几发打歪掉的炮弹倾向于江边的几条渔船，可怜几个准备出江的渔民还不知道怎么回事，已经船毁人亡。只有那呛人的烟雾，飘扬在长江上空，仿佛叙说着英军的暴行，久久不能散去。

由于距离较远，之前圌山守军没有看到英国军舰驶来，直到英舰向他们开炮，他们这才慌忙迎战。京口水师副将李澄沉着冷静，立即叫士兵装弹射击，只是由于距离太远，而这种红衣大炮射程只要几公里，根本无法击中英舰，惹得李澄破口大骂："这种大炮如何抗敌啊，谁他娘的准备的……"

郭富中将从望远镜中看到炮火奇袭的效果，他看到那些圌山露天炮台上的清兵，毫无遮蔽的工事，一发炮弹命中，清军血肉横飞，他不禁仰天狂笑起来："哈哈，哈哈。英国女王真是英明啊，想不到圌山也是和其他地方一样，都是不堪一击啊！妙哦！"

鲍埃斯也笑了起来："一个是猛虎，一个绵羊，如何能斗得过！"

郭富一边说着"不错，不错"，一边脱戴手套，又露出了那吓人的伤疤。他脸上的肌肉也开始不停抖动，让人无法猜透他此刻的想法。

而江长峰敏锐地感觉到，这位杀人如麻的刽子手，在西欧、在印度，都是这样大开杀戒的，真是如此恐怖。

郭富一下子从一位慈祥绅士，变成了杀人不眨眼的魔鬼，这样的变化令人害怕。

郭富再次举起了有伤疤的手，宣布："从现在开始，每条战舰听我命令，大家都到了为英国皇家海军争取荣誉的时候了。所有远程大炮，按照预定的目标，准备新一轮的射击！让清军的前沿士兵、炮台、营房都化为灰烬……"

鲍埃斯也鬼哭狼嚎似的嚎叫起来："让这些愚蠢的清国人去见上帝吧！"

大家一阵狂笑，只有江长峰笑得有些僵硬，或许作为一名中国人，他的内心深处还残留一丝仅有的怜悯。

炮声隆隆，英国军舰穷凶极恶地连连射发出了三十二磅重的炮弹，圌山守军哭喊声震天，炮台狼藉一片。而军舰上英国人开始开着香槟庆祝取得的胜利，郭富已经兴奋地跳起舞来。这是他进入长江流域以来参加的第一次炮轰战役，他向他的上司璞鼎查一样，沉着、冷静、果断、残忍！他突然想起了在欧洲战场，和拿破仑对决的时候，拿破仑的话语：

"把你的生命留下来！"

郭富脸上突然煞白，他发号施令的声音也慢慢低了下来。不过很快，他重新振作起来，因为他的眼前仿佛是一大串金银珠宝，当然还有向他款款走来的美丽的玛丽……

李澄等一干圌山守军没有来得及反应，更不用说有过多的反抗，郭富指挥的、致命的第二次炮袭已经开始了。

炮声隆隆，圌山炮台烟雾弥漫，巨大的炮弹震撼着镇江大地，钢铁和炸药在圌山处处倾泻，连楞严寺也未能幸免。炮台是露天的，炮兵是老弱的，还有像马天赐这样没有打过炮的，在这样惊吓中，根本不会理会填弹、瞄准等，只是胡乱地放炮、放枪，然后就被敌方的炮火一震荡，变成了迷迷蒙蒙的糊涂人。

水师副将李澄身体多处负伤，但是仍然力阻敌人，当兵士一个个倒下的时候，他亲自填弹装炮，怎奈身边的兵士一个个被炮火吓蒙了，个个捂耳趴着，无心恋战，不时还传出伤员的哭泣声和呼痛声。

英舰上的英国指挥官们从望远镜看到这狼狈的一幕幕，个个笑得前仰后合。郭富整了整军装，拔出刺刀，信心十足地命令："第三纵队，第四纵队上岸，进攻！"

此次英军舰队分为六个中队，首先便是先行舰队，分为司塔林号、伯劳弗号等十二条战舰，其后分为五个纵队，其中三四纵队三千多人，主要是陆军，所以他们成为抢滩登陆，攻占圌山的主力军。

看到潮水般的英国士兵涌上岸，李澄依然指挥着清军力抗外敌。子弹打光了，用枪杆子砸，枪杆子砸断了，就用石头……但是英国士兵人多势众，很快就将李澄等清军逼入了圌山之巅的楞严寺。

李澄进到寺内，突见渡远大师让人架起了柴火，两个穿灰色僧衣的小沙弥举着火把，围列在两旁，他立刻明白了。李澄走过去，抱着渡远大师，道："大师，大师，千万不可！不可呀！圌山虽然守不住了，但并非不能逃出生天，又何苦以死相搏呢？"

渡远大师微微闭眼："阿弥陀佛。菩提本无树，明镜亦非台，本来无一物，何处惹尘埃。外族人入侵，本寺难免遭遇不幸，我将与本寺共同存亡！"

众弟子泣声如雨下，齐声："阿弥陀佛！"

李澄等清军听到外面一阵喊杀声，知道多劝无益，而且时间也来不及劝说了，于是匆忙撤出楞严寺。很快报恩塔旁的楞严寺火光冲天，渡远大师和他的寺庙化为青烟，随风而去……

是役，清军一百三十多人除了李澄带着马天赐等少数几个清军突围外，其余全部战死。而当英国的米字旗插上圌山山顶的时刻，远在镇江城的海龄流下了悲怆的泪水……

第六章　牛鉴布防

　　夜晚的西津渡，被华灯染得七彩斑斓，一盏盏灯笼渐渐划成一条条晶莹剔透、泛着钻石般光晕的珠链，格外迷人。那翘阁飞檐，窗上的雕花，斑驳的柜台，杉木的板门，无不向人娓娓诉说着千年古渡、千年老街的沧桑。

　　翠香楼是西津渡这条街上最为繁华的一家青楼，整整占了小半条街。而楼中花魁多名，皆是风华绝代，万人惊艳，寻常人想见一面，那简直是异想天开。便是王孙贵胄文人墨客，若不花上几百两银子，连排队也排不上。风月生意做得这样火热，当然少不了老鸨那通天的手眼，更是离不开官府的撑腰，这里是祥麟等镇江众官员醉生梦死的地方，外面哪怕炮声隆隆，这里依旧夜夜笙歌。自然，总督大人到来，也少不了沉醉在这温柔之乡。

　　海龄骑着马从远处疾驰而来，没到翠香楼大门口，便"忽"的一下下了马，他把马鞭扔给侍卫，就想径直走了进去。走到门口，两个守门侍卫一下子拦住了他："站住，这里不能进去！"

"我是京口副都统海龄，有要事特来求见总督大人……"

门口的一个侍卫是牛鉴的亲信，他毫不客气地说道："总督大人在里面有要事，他吩咐任何人不许打扰！"

"军情紧急，现在必须要见到总督大人！"

"大人吩咐了，谁也不行。就算皇上来了，现在见也不行……"

海龄大吼一声："你放肆！"

对方突然大刀出鞘，刀刃的光映着他的脸，也是一声吼："退下！"

海龄自知硬闯不仅于事无补，而且可能弄个"莫须有"的罪名，牛鉴是二品的封疆大吏，自己只是五品的小官，如何又能够制衡住上司！

海龄心急如焚。身边的祥云对他说道："大人，如此不是办法，不如……"说着，他在海龄耳边耳语了一番。

很快，海龄和祥云一行人等离开了翠香楼。而后不久，这座烟花之地的厨房间冒出了火花，很快在亭台楼阁蔓延开来。等老鸨、龟公大喊"着火了，着火了"之后，牛鉴、祥麟这才从二楼的房间匆匆而下。到了门口，看到海龄带着一行人抬着洋龙等灭火器具，急匆匆赶来，忙问："你们这是……"

海龄看着衣衫不整的牛鉴，感觉有些好笑，但是强忍着给他行了个礼，然后道："大人，我们知道这边失了火，于是喊着京口救生会的一起过来帮忙……"

京口救生会本是服务江面船只的一个救生组织，专司打捞沉船和江上救生事宜，影响遍及大江南北，后来也慢慢增加了其他业务，成了专业的灭火组织。看着他们手拿着水桶，推着洋龙车，牛鉴明白了怎么回事，但是心里不好发作，还得表示感谢："副都统大人费心了……"

等牛鉴、祥麟等换了朝服再回到知府衙门的时候，海龄已经一边等候，一边安排了诸多事宜。他让驰援圌山的四百名青州旗兵停止前进，立即着手返回驻防，安排在象山炮台伺机行动；他令佐领果星阿、恒明等两百多名清军火速支援焦山炮台；同时还让祥云巡防了镇江城北门，以防汉奸混入；另外又让自己的卫兵在近郊巡视，看看城墙是否坚固，炮台位置是否合适……当然他自己也没有闲着，一直在思考着英军可能进攻的方向……

当牛鉴出现在海龄面前的时候，他发现这位上司的脸色相当不好，而且带着一股怨怒之气，他轻轻地"哼"了一声："好你个海龄，你可知罪？"

海龄不想打岔，直接开门见山："下官不知何罪之有！不过下官得知如今战事紧急，现圌山关已经失守，镇江城已经完全暴露在英国人眼皮底下，我不知道总督大人如何守城？"

牛鉴、祥麟等人面面相觑，显然他们对圌山关抱有很大的希望，此刻听到目前已经失守，表示了极大的诧异。牛鉴虽然心潮澎湃，但是表面故作镇定，道："副都统大人不是一直在布置防守吗，还舟车劳顿亲自去育婴洲、圌山关巡视，另又配备了大炮、火枪，加强了我城防的布置，如今这些地方全部落入英夷之手，大人还不知罪？"

海龄愤慨道："总督大人，如果圌山的防守固若金汤，如果拱卫的火炮威力凶猛，如果这些兄弟们没有拼尽全力……那我和兄弟们任凭大人处置！"

海龄一边说着，一边用力撕开了身旁侍卫的衣服，那是从圌山炮台上下来的马天赐，他身上多处被炮弹和洋枪击伤，有些伤口结疤，有的伤口已经化脓，惨不忍睹，惹得祥麟等闭着眼睛不敢直视。

"兄弟们是蛮拼的，蛮拼的……"牛鉴心里明白倘若态度再强硬下去，定会导致事态发展不佳，于是他话锋一转，道，"既然圌山失守，那就应该想想下一步的打算。那日初来乍到，本官也说过，还会派出三道伏兵，看来此次退兵之策，只能再次……"

海龄不屑一顾，打断牛鉴的话："大人如何做到三道伏兵，愿闻其详。"

其实牛鉴出的第一道伏兵就是纳贡谈和，这对于海龄而言并不意外。

四月九日，英军从沿海攻占了乍浦，上海、吴淞面临严重威胁。牛鉴便与广州将军耆英、扬威将军奕经等人相呼应，竟无视道光帝"竭力严防"谕旨，否认江苏各口海防的必要，公然纵容侵略者入江内犯，后还公然派人登上英舰，送上金银、食物等慰问品，以求笑纳。狡猾的英国人答应并不内犯，笑眯眯地收下礼品接着便炮轰吴淞口，攻陷上海。江南提督陈化成力战而亡，牛鉴灰溜溜地从吴淞口返回江宁的总督府衙门。

牛鉴不止一次地说："若能休止战火，何必兵戈相见，大家好，一切皆好！"

当然从英军进犯江阴的鹅鼻嘴炮台开始，牛鉴又让官员纳贡求安稳，甚至英舰到达圌山江面，他还派了两批次求和的官员过去，尽管英军再次收下了礼品且再次反悔，但是牛鉴仍然对之抱有幻想。牛鉴说道："英夷此番来，无非是为了多获得金银，给他们便是。要取得什么利益，慢慢让他们拥有一些即成，何必妄动干戈！"

海龄反问道："大人，英夷一而再，再而三地出尔反尔，绝非君子所为。对于如此不讲信义的盗匪，我们唯有武力抵抗解决。"

牛鉴神情严肃："武力？武力能解决问题否？副都统大人，你们是真的不知道英夷的厉害啊。广州之战，钦差大臣琦善、靖逆将军奕山何等英勇，沙角、大角炮台失守，广州城也是很快陷落啊……"

牛鉴所指的广州之战，发生在道光二十年（1840年）的夏天。那一年英国人为打开中国贸易大门，借口清朝销毁鸦片，发动侵华战争。英军自广东沿海北犯，攻陷浙江定海后，在天津大沽口与清政府商定于广东举行谈判。十一月，钦差大臣琦善抵达广东，因英国全权代表义律所提条件苛刻，清廷决定从各省调兵，准备武力抵抗。英军为迫使清方就范，率先向清军沙角、大角炮台发起进攻并很快占领。道光皇帝得知沙角、大角炮台失陷，决定对英宣战，任命御前侍卫内大臣奕山为靖逆将军，赴广东前线指挥作战，虽然在广东水师提督关天培等将士的死守下，横档、永安等炮台相继失守，直至英军兵临广州城下，清廷被迫签订了屈辱的《广州和约》……两年前发生的事情，虽然大家没有亲历过，但是依然感觉心惊、耻辱，而牛鉴的求和理念多多少少深入各位官员的心里面。

牛鉴慢条斯理地说道："我们再说英夷的武器，他们都是新式的加农炮、野战炮、榴弹炮；而我们呢，还都是老祖宗留下来的红衣大炮、鸟枪、抬枪，威力达不到不说，枪炮的射程都是十分有限，无论如何努力都打不到洋鬼子……"

祥麟等众官员连忙点头称是，纷纷盛赞总督大人："所言甚是。"海龄还想说什么，身边的祥云对他耳语道："大人，忍忍吧，静观其变。"海龄这才继续耐着性子往下听。

牛鉴道："诸位其实并没有和洋人打过交道，而我在浙江的时候就见过，其实他们是极易满足的一类人。他们不远万里来到我大清国，还不就是因为我们大清朝地大物博，国富民强嘛。他们需要什么，我们给他一点，也显示我天朝大国的雄厚和宽容嘛！"

众官员又是一阵恭维："大人所言甚是！"

一丝莫名其妙的疑虑、惆怅、愤怒一起袭上心头，海龄"咔"的一声，把身边的一根窗棂拉断。刚要发火，可是窗格上落下了一片灰尘，使得他猛然一下又清醒了过来。不能啊，如今大势已定，我再要盲动，岂不是飞蛾投火，自取灭亡。他十分清楚，只要自己稍有不慎，就连眼前这些镇江官员，也不会轻易放他过关的！他走到桌子跟前，定了定神，又颓然坐下了。

两江总督定了基调，众官员也都默认了。海龄情绪有些平复，也没有再坚持，但他的内心掀起了涟漪，他对牛鉴提到的武器产生了不解，一会儿似乎又恍然，他把祥云召到自己身边，问道："祥云，你不是看过魏源的《海国图志》吗，里面有没有提到火枪、大炮之类的兵器……"

祥云道："当然，大人可能不知道，《海国图志》记载的确实比较详细，我也细读了，大致了解了一些英国人使用的大炮枪械……"

"哦，英夷的大炮有什么明显特点？"

"大炮中西制样并不同，弹发亦异，因炮制宜务求精准中靶，自能克敌。西洋铸炮之法，主要在锻炼之功。而围径之大小长短，又须俱合算法。而且药膛为炮身吃重之处，尤须坚硬得力，方无炸裂之患。所以我们看到的西洋大炮，都是尾粗而头细。"

"如此火炮，威力自然惊人吧？"

"大人所言甚是。不过不仅威力如此，英国人的火炮使用燧发式点火，点燃了火炮即可以进行发射，而我们大清朝采用的是火绳点火发炮，点燃许久才能发射。且我们的也不如英夷的速度迅猛。"

海龄点点头，似乎有所悟："那总督大人所言非虚啊。"他想了一下道："镇江有个铸炮坊，有空的时候我们瞧瞧铸造去……"

清晨的迷雾悄悄地向四周移动，在山体之间形成了神秘莫测的意境。在焦山脚下巡防的佐领果阿星目不转睛地看着江面上一条条渔船，转身对身旁的副将恒明说道："这么大早来的，也只有我大清的子民啊，洋鬼子估计还在他们的战舰上睡大觉呢吧？"

恒明道："也是哦。洋鬼子整天在船上，又不敢在岸上久留，整天提心吊胆的，日子也不好过，此刻不睡觉更待何时？"

说着，两人哈哈大笑起来。

然而事情并非他们想象的那样，此刻英舰弗莱吉森号和布朗底号正驶向焦山，进行军事探航。他们是趁着天黑出发的，目标很明确，就是镇江城外这座位于江中的岛山。他们深知这里必有伏兵，于是先遣军舰侦察。

弗莱吉森号的英军总司令郭富指着不远处，问："那个，那个便是焦山？"

身边站着的便是早已投敌的江长峰，圌山之战他深知地形，一举让英国人取得大捷，深得郭富赏识，让他在自己身边当了一个顾问。此刻主子问他情况，他便如实相告："不错，前面便是镇江北面的一座江中之山，名叫'焦山'，这个焦山可不是烧焦的意思，而是古代有一个叫焦光的人隐居于此，由此得名。"

"哦？那个焦光为何要隐居呢？"郭富有些好奇。

"我国古代的时候有个汉朝，有个汉灵帝曾经三度下诏请焦光去做官，但他不愿和腐败朝廷同流合污，拒不应诏，于是便隐居荒野河边草庐中，见人不语，冬夏不穿衣，睡不铺席，数天吃一顿饭，相传他活了一百多年。"

"哦，你们古代还有这样有气节的人呐。"郭富叹一口气，道，"若是现在还有，我们大英帝国的舰队也不会驶进镇江的江面了。"

一句话，说得江长峰脸色骤然变红，顿时尴尬不已。

正说着，鲍埃斯司令从底层船舱上了甲板，敬了个标准的英国军礼，然后道："报告将军，清国有来使到。"

来使正是两江总督牛鉴派来的镇江知府祥麟、常镇道周顼等，他们是前一天晚上出发，日夜兼程出北门登船，然后迎着英舰而来。英国人看到来者带着金银、粮食、酒菜等，一个个乐开了花，当得知他们非要求见最高统帅郭富的时候，也没有过多的犹豫，鲍埃斯立即前去禀报。

祥麟、周顼等被领到了英舰的甲板上，他们看着会享受的英国人长长的桌子上，摆满了香槟和水果，旁边坐着的英国统帅悠闲地夹着雪茄，心里莫名惆怅起来。远道而来的英国洋鬼子如此轻松，自己身为镇江城的父母官，天天却在焦急中度过，日子过得真是窝囊。

祥麟上前作揖，道："请问阁下，您就是郭富将军吗？"

郭富优雅地放下雪茄，点点头，然后示意他们坐在一边的椅子上。狡猾的英国人提供的椅子虽然是四只脚，但是有一只是坏掉的，祥麟轻轻地坐上去很快发现了问题，只是凭借自己的忍耐和平衡，压制住了坏椅子，周顼却没有稳住，一下子跌倒在地，惹得英国人哄堂大笑。

祥麟看了一眼狼狈的周顼，为了缓和气氛，只得打起了圆场："周大人见到将军，异常激动，有些忘乎所以了。"大家又是一阵大笑。

郭富收敛住笑容，问："你们是何人，来我战舰之上有何事？"

祥麟说道："将军，在下镇江知府祥麟，这位是常镇道周顼，此次我们为和而来，也为我们的友谊而来。大清和大英帝国虽相隔万里，但历来都是兄弟礼仪之邦，我们的总督，甚至皇帝，都不想与贵军交战……"

郭富玩弄起了他随身带着的一把英国匕首，漫不经心地回答："为和而来，还为了友谊？哈哈，那你们有何诚意呀？"

祥麟连忙掏出了一份礼单，道："此番前来，我们为贵军准备了二十万两黄金白银，还有给贵军的大米、猪肉、蔬菜等，只要贵军需要的，我们尽量满足，尽量满足。"

郭富呵呵一笑，也掏出了一张纸单，道："这是我们大英帝国女王开出来的单子。我们来贵国，只是为奏请大清皇帝恩准，准令两国友好通商，并给予一地暂居。所有善后事宜，自应酌定，俾垂永久。"

祥麟诚惶诚恐地接过单子，看了几眼立即大惊失色，这是英国人对大清朝的照会，理应是两国外交国事，自己一个普普通通的四品知府如何能够承担得起！里面暂列了诸如开放广州、福州、厦门等通商口岸，割让一处地方让英国人永久居住等，此等关乎国家领土、主权等大事，即便皇帝也不可能全部答应，何况自己这等小官？

郭富还在喋喋不休地说道："如若同意，先由我大英帝国掌事大臣盖印信前来，而后天朝皇帝再盖钦差大臣关防，以期永远存照……"

祥麟汗珠子一个劲儿地直往出冒，答应英国人的条件那是根本不可能的事，而事到如今不答应，那岂不是糟蹋了这些求和的贡品，镇江之城很快落入英军之手？他想了想，又谄媚地一笑，道："贵军提出的条件，我方需交由皇上定夺，还要多加斟酌，多加斟酌……"

郭富"哼"了一下，道："此事速做决定，我方枪炮是由不得我做主的。"

祥麟又是一笑："将军，我等只是希望贵军放过我们镇江之城，这破旧不堪，穷乡僻壤之地，也一定不是贵军想要的地方。绕过镇江城，那边是富饶的江宁城哇……"

郭富哈哈大笑，指着不远处的焦山，道："我听说你们那座焦山上曾经有一位很有骨气的隐士，名叫焦光，国家需要他，他都不想和那帮所谓的大臣沆瀣一气。反观知府大人你，你们，何等无骨无气！"

祥麟、周顼等只得灰溜溜地返回到自己的船上，他们仰天长叹："镇江城危矣！"

江风阵阵，虽然只有三四级风，可江面上的浪却是很大。放眼望去，一阵一阵的夏风吹着一阵一阵的浪涛，带着白色浪尖，不停地向海岸冲来，冲击着沙滩、礁石。当焦山守军佐领果阿星、副将恒明看到迎面而来的知府大人之舟时，心中一阵轻松。但是很快，船后突现的米字旗立即引起了他们的警觉，他们立即鸣锣报警，焦山守军立即严阵以待。

果阿星这几天忙着备战几夜没有合眼，红丝布满眼球，看着英舰弗莱吉森号和布朗底号一步步逼近焦山，立即挥手指挥炮手："预备——"

恒明拦了一下："还是等洋鬼子再近一些吧！"

果阿星点点头："好！"

当两所军舰再次缓缓驶向焦山的时候，果阿星再次挥手指挥炮手："预备，放炮！"

焦山炮台的炮弹如同天降大雨，震撼着焦山山脉，钢铁和炸药顿时在长江中爆炸。有多发炮弹落到了弗莱吉森号上，他们立即开炮还击，只是毫无目的地发射，根本找不到射击目标。

郭富气得哇哇大叫："卫士，去看看，到底怎么回事，炮弹哪里来的？"

江长峰故作镇定，道："将军，圌山炮台比较隐蔽，应该就在山中。我们朝山中央发炮，应该没问题。"

江长峰判断得没错，焦山扼守着长江的咽喉地带，自古以来这里就是兵家必争之地。而在焦山东麓，树林茂密，怪石嶙峋，八座炮台成马蹄形排列，炮口面对大江，这就是清军布置的焦山炮台。由于炮台隐蔽在丛林之中，而且外围有土墙防御，相当具有欺骗性，于是一般不了解的根本不知道这里还有炮台。

焦山炮台是道光二十一年（1841年）修建的，全部用质优的材料和方石为基，以黄土、石灰、细沙配糯米汁捣拌成三合土，分层夯实，表面涂有黑色保护剂，整个炮台呈暗堡式，炮台内分设六千到八千斤重的大炮，每个炮堡都附有一座小弹药库，另一座大弹药库在炮垒南端门外偏西处。整体都用三合土分层浇灌形成，异常坚固。

弗莱吉森号开炮还击之后，又驶近了焦山一些，当郭富从望远镜中看到丛林中隐约可见的炮台时，立即命令军舰上的火炮瞄准了发射。

英舰上的炮弹也如同天降大雨，不停地倾泻到焦山的各个角落，由于选准了目标，瞄准了炮台，焦山的清军守兵吃了不小的亏。但幸好炮台外围比较坚固，损失并不大。

双方的炮弹相互发射，各有损伤，只是未动筋骨。果阿星、恒明信心十足，而郭富显得有些焦急，江长峰这时提议："何不上岸搜寻清兵？"

郭富想想也是，立即用旗语命令布朗底号上的水兵上岸搜索。很快一小队英国士兵登上了焦山土地，"叭，叭，叭"，英军的来复枪开始进行射击，可怜的清军士兵未来得及还击，纷纷倒在了血泊之中。

英军使用的博克式燧发滑膛枪射程达二百米，每分钟可以发射三发三十五克重的枪弹。而清军使用的都是那种十八世纪发明的笨重洋枪，不仅每次发射完一枪要填装子弹，而且射程只有五十多米，另外清军更多使用的是射程只有三四十米的弓箭，其杀伤力和威力根本无法与英军抗衡。弓箭手对决来复枪手，其惨境是不言而喻的。

果阿星看着身边的士兵一个个倒下，对英夷痛恨得咬牙切齿，却又无可奈何。他拔出佩刀，立即大声命令："抬枪手，去把抬枪搬出来，向洋鬼子射击！"

清军使用的抬枪，由两人用火绳点火发射，实际上就是一种重型鸟枪，长约七尺半，装填火药三两五，发射五钱重的铅刃，射程约九十多米。这种武器还有一个致命弱点，就是又笨又重，必须架在三脚架上才能发射。

英军上岸搜索，很快尝到了抬枪的苦头，好几个英兵被击毙。他们很快加紧了进攻的步伐，在军舰炮声的掩护下，很快到了焦山炮台外。

果阿星挥舞着佩刀，大喊一声："兄弟们，冲啊！"

只见他立即跳出炮台，冲到了英军士兵的队伍里，一下子砍死两个。副将恒明也立即跟了上去，先是砍了一个英军士兵的腿，后又一刀砍了另一个士兵的右肩。后面的清军紧跟而来，一场惊天泣地的白刃战开始了。

双方短兵相接，个个杀红了眼，前面倒下了，后面又跟上去。可毕竟清军士兵的综合素质无法和英军相比，渐入下风，死伤远比英军多。很快，果阿星身中十多刀，但是仍然奋力杀敌。恒明已经阵亡，手中握的钢刀刀刃上，鲜血仍然汩汩而流。

"大清国万岁！"

……

不知谁喊了几句，紧接近着排山倒海的声音响彻云霄。每位清军士兵都在奋力杀敌，尸首堆积在焦山炮台的缺口边，挡住通道，鲜血把墙砖和泥土染成暗红色……

是役，包括果阿星、恒明在内的一百多名焦山炮台守军全部壮烈牺牲。

郭富登上了圌山炮台，环视着满地的尸体。突然，一道耀眼的闪电划过长空，随着惊天动地的一声霹雳，豆大的雨点噼噼啪啪地从天上落了下来，在地上砸起了一股股迷蒙的烟尘。

雨来了。

第七章　北门抗袭

　　这是两江总督牛鉴到达镇江城的第三天了，他原先居住在知府衙门内，后来每天被送来的战报搅得心烦意乱，于是干脆搬到了位于镇江南郊的招隐山上。

　　招隐山在南北朝至明代为鼎盛时期。六朝后，历代文士名流曾在此居住、游览，留下了珍贵的古迹和名篇，梁代昭明太子博邀天下贤才，在招隐增华阁编纂了中国文学史上第一部文学选集《昭明文选》。东晋南朝刘宋两代间的著名雕塑家、音乐家隐居在招隐山中，谱就了"广陵""游弦""止息"三首古曲。北宋大书画家米芾、米友仁父子居此四十年，创"米氏云山"。北宋大诗人苏东坡在鹤林寺留下"苏公竹院"，哲学家、文学家周敦颐开凿"茂叔莲池"等，招隐山可谓人文荟萃之地，自古是适合隐居之所。

　　牛鉴本是学者出身，虽也贪财好色，但对文艺颇有兴趣。在赴镇江的时候，他常常在处理军务之暇，同幕僚们站在船头，指点江山，评论形胜，欣赏风景，谈笑风生；有时他还饮酒赋诗，叫幕僚和清客们依韵奉和。但近日战事紧张，不仅派出求和的第一道"伏兵"失望而归，而且焦山炮台失守，让他陷入了绝望。左右的亲信们常常看见他兀自坐在椅子上，或在静夜独立运河边，垂头望着江流叹气。他不得不为自己的前程和命运而担忧。

这一日正是牛鉴的五十七岁生日。镇江知府祥麟等准备开始张罗着为他祝寿，但气氛颇为清淡，只算是应个景儿，和头年在江宁两江总督府时候的盛况不能相比，更没有找戏班子唱戏和官妓歌舞等事。他勉强接受将吏们拜贺，在宴席上坐了一阵。宴席在阴郁的气氛中草草结束。他明白将吏们的心情，在他临退出拜寿的节堂时候，强打精神，用沉重的声音说："自本督受任以来，各位辛苦备尝，原欲立功戎行，效命朝廷，不意剿杀英夷之事一再受挫，和谈不成也罢，竟致焦山也都失陷。如此偾事，实非始料所及。然皇上待我恩厚，我们当谋再举，以期后效。诸君切不可灰心绝望，坐失亡羊补牢之机。本督愿与诸君共勉！"

众文臣武将一同跪下道："遵命！"

牛鉴退回处理公务和休息的后厢房中，屏退左右，独坐案边休息，对自己刚才所讲的话并不相信，只是心上还存在着一线非常渺茫的希望。因为他吩咐不许有人来打扰他，所以小小的庭院十分寂静，只有几只小鸟偶尔落到树枝上啁啾几声。他想仔细考虑下一步怎么办，但是思绪纷乱。而当下人禀报，京口副都统海龄前来求见时，他这才定定神，回应："请他进来！"

海龄满脸怒气，身后跟着的祥云也是步履匆匆，等他们进了牛鉴的厢房，看到满面憔悴的总督大人，显然被震住了。海龄看了看牛鉴的神色，说："总督大人的生日，自是喜庆之事。卑职未来庆贺，实在有罪。"

牛鉴挥挥手，无力地说道："罢了罢了，副都统大人为战事辛劳，几地奔波实在繁忙，不来情有可原。"

海龄问道："大人身体不适，可否命大夫进来瞧瞧？"

牛鉴摇头道："偶感风寒，并无他病，晚上吃几粒丸药就好了。" 他想同海龄谈一谈镇江防守问题，但看见海龄的手里拿有一沓文书，便问："你拿的是什么文书？"

海龄递了上去，道："这是骁骑校祥云所绘制的镇江防守图。本来北面焦山、象山还能防守一阵，可英夷实在迅捷，没想到焦山这么快便失守了，完全出乎意料……"

牛鉴痛心疾首道："英夷拒不谈和，真是不识抬举；他们坚船利炮，更是威力万分。"

海龄安慰起他来："请总督大人宽心养病，军事上重作一番部署，或许尚可转败为胜。"

牛鉴浑身颤抖不止，喘着气说道："本想谈和不成，我方在焦山江面布置偷袭英夷的，此番只得布置在象山江面上了。"

其实偷袭便是牛鉴出的第二道伏兵。牛鉴历经沙场多年，在围剿李文成的天理教起义时，偷袭一直是他惯用的伎俩。不管敌人身在何处，有何防范，他都会使出浑身解数，偷袭得对方毫无还手之力。对待英舰兵临镇江，牛鉴准备命人在焦山江面一字排开装满燃烧柴火的渔船，趁着夜色让那一条条火龙奇袭英舰。

在海龄看来，这一排排火龙虽有一定的抵御能力，只是效果可能和参赞大臣杨芳的马桶御敌有异曲同工之效。

前一年的广州之战，道光皇帝任命湖南提督杨芳为参赞大臣，赶赴广州指挥攻剿事宜。杨芳一方面着手部署广州防务，一方面接手对英交涉。交涉很快失败，英舰进攻日益凶猛，打下了猎德、二沙尾炮台。杨芳看到英军炮火威力强大且落弹准确，认为此必为邪教妖术，"夷炮恒中我，而我不能中夷。我居实地，而夷在风波摇荡中。主客异形，安能操券若此，必有邪教善术伏其内"。有巫师告诉他，如果打仗时能将马桶，尤其是女人的污秽物对准英夷的炮口，便能以邪制邪。于是，杨芳传令当地保甲，遍收民间使用的马桶、溺器，装满女人的粪便、秽物，令载于木筏小船，布满江面，要求将马桶、溺器之口对向敌舰炮口，以为如此便可破其炮火之妖术。又在省河上钉筑木排竹筏，在上面安放马桶，桶内同样装满粪便，或塞进毒药桐油，以为可以阻挡英舰的前进。如此部署只是苦了广州城里的人家，没了应急时的要紧家什，着实不方便。英舰指挥官从望远镜中看到水面上的木筏马桶，闻到了水面上的熏天臭气，以为是什么新式武器，当即下令开炮，将木筏马桶打得箍裂板飞，舰队在海上横冲直撞，势如破竹，很快兵临城下……而今总督大人以火龙御敌，面对坚固的英舰，又能奈之何？

不过身边的骁骑校祥云倒是略懂天文地理，他听到牛鉴的偷袭之法，顿时有了主意。等离开了招隐山牛鉴下榻的居室，便对海龄道："大人，总督大人御敌之法或许击不了英夷，但足可以退得了……"

海龄不解地问道："哦，此话怎讲？"

祥云看了看天色，又掐着手指算了算，眼睛一闭突然又一下子睁开了，恍然道："这几日天气忽明忽暗，明日应该可刮西南风了。"

海龄道："我素闻你通天时，只是这西南风刮起来，有何说法？"

祥云道："大人难道还不知？英夷从东面的扬子江过来，倘若我们在象山江面部署牛大人所谓的火筏，那这些着火的木筏自然能代替武器，退敌几十里吧。"

海龄点点头，似乎有所领悟："妙哉，妙哉。牛大人只知道利用火筏，却不晓得利用天气。祥云你可谓两者结合而运用到位啊。"

祥云有些不好意思，笑道："大人，那小人先行布置安排火筏制作吧。"

海龄点头："甚好，甚好！"

从招隐山返回，海龄和祥云又去了镇江城防各处巡视。巡防完北固山防卫，他们又策马行了一阵，临近镇江城北门，到得一座小山之上，极目远眺，但见江水浩浩南流，郊外的难民，拖男带女地涌向镇江城。

海龄指着难民人流，说道："英夷定是攻占圌山关后加紧屠戮镇江城东，这才令我百姓流离失所，实堪痛恨。"

祥云稍加思索，顿时紧张，道："不像，或许有诈……"

说话间，忽见镇江北城门口的难民回头奔跑，但后面的人流还在继续前涌，一时之间，镇江城外大哭小叫，乱成一团。

海龄大吃一惊，忙问道："为何守城军突然关闭城门，不让百姓进城？"祥云还想说什么，却什么也来不及说，只得跟着纵马急奔而去。两人一口气到了北城门口，只见城墙上一排排清军守兵弯弓搭箭，指着城下的难民，场面一片混乱。

海龄大呼一声："你们在做什么？为什么不打开城门？"

守将是一名镶白旗的举人，名叫噶喇。他是海龄门生，自然认识，于是连忙让手下打开城门，放他与祥云进门。海龄快步上了城楼，忙问道："众百姓惨受英夷的屠戮，怎么不让他们进来？"

噶喇道："大人，知府大人说难民中可能混有英军的奸细，千万不能放进城来，否则为祸不小。"

海龄大声喝道："便有一两个奸细，岂能因此误了数千百姓的性命？快快开城门！"言语甚是威严。

噶喇听到海龄的命令，不敢不从，只得打开城门，同时又命人飞报镇江知府祥麟。

知府祥麟、常镇道周顼、丹徒知县钱燕桂正在城内巡查，他们走到城墙之上，眼见海龄命人打开城门，难民已往里面涌入，于是下令："放箭！"箭如雨下，惨叫声中，许多百姓纷纷中箭倒下，没有中箭的百姓回头便跑。百姓跑了几步，又转身往城门跑，因为后面有黑乎乎的枪口正对着他们。

原来后面跟来的是几十个英国士兵，他们身着英军军服，手端着洋枪，正一步步逼近。再细看那领头之人，竟然是江长峰。

海龄暗想，不好，这些日一直严防江面英夷进犯，不想狡猾的英国人已经派遣了一部分士兵上岸偷袭。于是他立即命令噶喇："城门只得小开，留一缝隙而已。"

城上的祥麟看到来犯的英兵，自然顾不上百姓，立即让城上的守军放箭。又令手拿火枪的士兵狠狠地打！

弓箭、火枪不长眼，自然会有些落到百姓的身上，哭声喊声连成一片。

海龄一阵心急，忙大叫："使不得，莫错杀了好人！"

只听祥麟"哼"了一声，道："如此危急，便是好人，也只得错杀了。"

海龄叫道："不，好人怎能错杀？"

叫喊厮杀声连续不断，百姓虽然可以从门缝中一个个挤进来，但更多的滞留在门外，场面混乱不堪。看来要让百姓安全，只得解决那一帮英国士兵。于是海龄带着祥云，又令噶喇带着一队守军，道："你们都跟我来！"

海龄率领众人，打开北门，冲了出去，迂回攻向英国士兵的侧翼。那队士兵只顾应战城楼上的守军，直到身边好几人被海龄等人击毙，这才反应过来分兵来敌。海龄、祥云等毕竟都是学武之人，那一队守军也是噶喇训练多时的强壮之士，他们齐声呐喊，奋勇当先，两军相交，即有十多名英兵被他们的大刀和长剑砍倒。

这队英兵只是上岸侦察的小分队，并不是什么强悍的作战部队，经此一役已经伤亡过半。他们初时比较急躁，见到清军和百姓便主动攻击，后见海龄等一起围攻，江长峰便觉得自己找准了方向，立即号召将海龄等一群人围在垓心。

祥麟等在城头见到英国兵这等威势，只吓得心胆俱裂，哪敢分兵去救？

英国士兵对着海龄左右进攻。练武多年的他左跳右闪，没有被刺中分毫，反而回马上前，刺杀了两名冲得最近的士兵。英国人见海龄难以对付，转而刺向了旁边的祥云。祥云练武时间不长，身体也不够灵活，应接不暇之中被英军刺中两下，而当最狠的一刀刺向他心脏的时候，海龄发现了危机，纵身跃上前，用胸口帮他挡住了那一刀。

"大人，大人……"

祥云等人见副都统大人受了伤，纷纷上前，用身体围住了他。他们奋力拼战，危险迭生。马应山率领一队人马，李澄率领另一队人马，已经分别从南门和西门出城接应，只听得号角声急，他们率几百人冲到城门之前，外围包抄英国士兵。

马应山、李澄都是多年历经沙场的老将，他们分派四队精兵一拥而上，英国士兵顿时抵抗不了，纷纷倒下。

江长峰喊了一句："给我上！"怎奈没有一个英兵向前，反而一个个后退。最初逃离包围圈，免于受死的几个英国士兵见形势不对，英军士气已沮，纷纷扔下装备，快速逃离现场。

众人见海龄受伤，把他搀扶到马车之上，直接载到府上养伤。只休息一日，便要去象山巡查。夫人郁兰一再阻拦，可他坚持道："英夷此番受挫，必不甘心，定会不日来犯，象山炮台甚是危矣。"

郁兰沉吟了一会儿道："老爷，城中百姓有的已经迁往江宁、丹阳、金坛等地，妾身等自然伺奉老爷左右，片刻不离。只是宜琛泰和秀珠还小，是否他们先去暂避……"

海龄大怒："不可！你怎么有如此之想。老夫乃镇江军事统帅，守城自是理所当然，信心必然不可缺失。若把家属孩童先行遣散，还有何人有心守城？"

宜琛泰和秀珠是海龄之子女，都还只是七八岁的孩童，郁兰觉得这么小的孩子却要和大人忍受一样的痛楚，实在太过残酷。她虽心疼，但又不得不从，于是眼泪禁不住从眼眶里打转。

海龄见夫人伤感，再看看眼前的两个孩童，长叹一声，道："夫人，此时是守城关键时刻，倘若战事稍有缓和，自会让你和孩儿先行……"

郁兰又是一阵伤感，抹起了眼泪。

这时一名家丁匆匆走来，向二人请了个安，对海龄说道："骁骑校已经在门外求见，说是有要事相商。"

海龄起身，来不及宽衣，立即出去，但见祥云容色憔悴，在外堂来回走动，忙问："祥云，有何要事？"

祥云来不及拱手作揖，十分焦急地说道："大人，英夷的船舰进展迅速，已经快到达象山炮台了，知府大人已经在那等候多时，想问大人作何打算。"

海龄一边系着衣服，一边挥手对家丁道："备马，我们立即去！"

祥云拦住了："大人，马匹已经在门外备好……"

海龄道："那还不出发！"

两人骑马出城，不到一个时辰便到了象山炮台。祥麟显然已经等待多时，直急得走来走去。他看到海龄缠着绷带过来，心中激动不已："副都统大人呐，你看这，英夷已经杀过来啦，我们……我们怎么办呐……"

海龄拿起单筒望远镜，看到白布帆篷的英舰数十只在江面上游弋，再看看炮台上架着的几十门大炮，他没有回应知府大人的问话，倒是问象山炮台协领武忠阿："英夷还没有放炮吗？"

武忠阿回答："回大人，英夷舰船一直在江面停留，没有任何动向。"

海龄命令道："再继续探，英夷整装待发，自不可如此安静。"又转身问祥云："火筏呢，已经造好了多少只？"

祥云道："火筏已经连夜造好了五十多只，只是，只是……"

海龄见祥云吞吞吐吐，立即问："只是什么？都什么时候了，还吞吞吐吐，你快说！"

祥云想了一下，道："大人，昨夜总督大人亲临象山……"

海龄很是疑惑："牛大人也亲自来了，他不是在招隐山养病吗？"

祥麟上前解释："总督大人身负皇恩，心系镇江城防，昨天夜不能寐，自是带着我们来此……"

海龄没有听下去，又问祥云："大人来此作甚？和火筏有何关联？"

祥云道："火筏偷袭是总督大人确定的方案，昨夜便命人前面火筏开道，后面渔船上运兵，准备偷袭英夷指挥船舰，怎奈，怎奈……"

祥麟也在一旁抱怨："哎呀，怎奈上半夜起的是西南风，火筏还能顺风漂流，惹得敌舰大惊，我军快速登船，奋勇杀敌。很快下半夜起的是东北风，英夷杀不了，我英勇善战的将士牺牲在自己的火筏进攻之中……"

海龄"啊"的一声，右手抓起护城墙上的一块砖头，心头一阵绞痛。他伤感的是总督大人的一意孤行，知府大人的趋炎附势，众将士的无知无畏。当然，他还心疼那刚刚造好的竹筏，那只是准备吓唬英夷的玩意儿，并不是用来进攻的武器。普通的渔船过去对付武装舰艇，那是一个多么可笑的提议啊。

海龄苦笑几声，摇了摇头，道："知府大人，事已至此，海龄未有所愿，唯有一事，以待与大人商榷。"

祥麟便问："何事，副都统大人请说！"

海龄道："大人是知府大人，掌管镇江一府之政令，事务繁忙，劳作不息。为何要承担守城之军事要责？"

祥麟呵呵一笑，一时竟然不知如何作答，倒是旁边的常镇道周顼开口了："守城是皇上交付的重任，我等食君之禄担君之忧，岂有不管不顾之道理？"

海龄没有理睬他，依然对着祥麟道："末将不才，力当为守护镇江城鞠躬尽瘁，死而后已。只是眼前与英夷江面对战已无胜算，象山落入敌手只是时间问题。因此，如今只能考虑到力守内城，以防英夷攻破……"

海龄说到象山会落入英夷之手，在场的众人纷纷表示出惊讶和感叹。祥麟惊得"啊"的一声，忙问："那，那我们该怎么办？如何，如何是好……"

海龄道："守城靠现在的火炮和抬枪必定不够，我们要发动民众抗敌，更重要的是要上奏要求增援，不然无论如何镇江城也是守不住的。"

常镇道周顼等人立即对着海龄一声咆哮："简直是胡说八道。想我镇江城，固若金汤，哪是英夷能够破的？便不说内城了，象山炮台也能够打得洋鬼子七零八落，哭爹喊娘的……"

海龄"哼"了一声，道："圌山关失守，焦山炮台被破，那是活生生的现实……当然，我也无法和诸位解释这一切，只是，知府大人应趁着总督大人还在此，及早让他上奏皇上，立即派兵增援镇江……"

其实关于增兵事宜，早在江苏巡抚梁章钜来镇江之前，祥麟已经先前上报朝廷，尽管他的奏折没有直接递给道光皇帝，梁章钜却根据此份奏折再次加重了上奏的言语分量，上奏要求"镇江城防之弱，尤以兵力单薄为忧，着增青州兵布防，妥为善矣"，而牛鉴却以英军不会"冒险入江，阻我漕运"，"京口官兵，足资防守，毋庸添拨"为由，没有理会此事，奏折被一压再压。而后圌山关、焦山炮台相继失守，这才上奏要求"补发增兵"，这也是牛鉴所谓"三道伏兵"之最后一道。很快从北京传来了消息，着驻防江宁的四百名青州旗兵调防镇江，后又让浙江参赞齐慎、湖北提督刘允孝分别着七百名、一千名士兵，全力协防拱卫镇江。

当祥麟把此次总督大人的第三道伏兵和盘托出，海龄有些咋舌，对于这位两江总督，他顿时感觉到无话可说。他想起牛鉴任河南巡抚时，整顿吏治，抗洪治河，成绩卓著，不禁感慨："倘若守城抗英也能如此上心，英夷怎敢来犯，镇江何愁不保？"

下了象山，海龄骑在马上对祥云说道："尽管朝廷又派兵两千多人，较之英夷我们还是处于劣势啊。"

祥云道："大人，莫不是朝廷增兵后，兵力还是远远比不上英夷？"

海龄道："不错。依据以往经历，英夷船舰上士兵应该有一万余人，而我们总共也只有四五千人，还不到他们的一半。"

海龄勒马冲到士兵的前边去，在那畜生的臀部猛抽一鞭，那马腾跃起来，随即向城内飞奔而去。月色下群山寂静，愈显得这一小队马蹄声响得紧急。

第八章　火筏攻敌

　　海龄接到士兵报告，英夷准备进攻象山炮台时，他正在南门大街招抚一帮难民。这帮难民都是经受英夷骚扰，前两天刚从润东、丹徒等地入城，寻求一席安居之所。怎奈镇江城已经危机四伏，一些商贾居民已经渐渐迁徙出城，虽然房屋空置了许多，但是大门却上了锁。

　　在南门大街关帝庙的墙壁上靠着一杆旗子，上面写着"饥民团"三个大字，笔迹相当秀美。庙前的空场上，一群汉子在啃着大馒头。有的站着吃，有的蹲着或坐在地上吃，也有的懒懒散散地躺在那儿吃。大约有二百来人。他们大多穿着黑色的衣衫，其中也夹杂着一些衣衫褴褛的人，像是流浪汉。不过大部分人的穿着并不太坏，跟这附近的农民没有多大差别。

　　"喂，喂，还有没有啦？"有人大声地喊起来。

　　"怎么就这么一点儿！"

　　"不准骗人！"

人群中传来乱糟糟的嚷声，他们面对着的是海龄和他的一帮侍卫。海龄见到镇江这几天来了多名不速之客，想到他们居无定所，更没有可餐的食物，于是便带着几大桶水和几大筐馒头过来。都是大清的子民，他真是于心不忍。

"马上就拿来，请大家稍等一会儿。"骁骑校祥云提着一个大水壶，慌忙登上台阶。他用袖子擦了擦额上的汗，放开嗓门大声地说。

"快点！""不要磨磨蹭蹭的！"人群中这种乱糟糟的叫骂声很快消失了。

十来个盛着馒头的大箩筐被抬了过来，人们的嘴巴又紧张地咀嚼起来。

只是过了半个多时辰，这些号称"饥民团"的人们好像都已经吃饱了。有的人摸了摸肚子，把剩下的馒头塞进了布口袋。

"饱啦，咱们走吧！"一个大汉这么说着。他站起身来，举起双手，伸了个懒腰。他肥大的身躯，慢腾腾地朝墙边走去，拿起靠在墙上的旗子，轻轻地举了起来。"咱们走！"他的那张大脸上满是笑容，露出的大龅牙闪闪发亮。

人们陆陆续续地跟在他的后面走起来。坐在地上的人们站起来时，顺手拍拍裤子和上衣，场上一下子灰尘弥漫。

"你们等等！"

突然从他们身后冒出这样的一声叫喊，他们转身见是发放馒头和水的祥云，于是态度不甚友好地问："怎么，给了我们吃的喝的，莫不是还要我们银子？"

祥云呵呵一笑，作揖道："壮士们，你们误会了。我们能够搬来馒头和水，是做善事的，自然分文不取。"

这个头头模样的肥胖汉子，嘴里发出"嗨嚠嗨嚠"的吆喝声，把那杆旗子一会儿举起来，一会儿放下去，然后漫不经心地问："那你有何指教啊？"

祥云问道："壮士们是从何方而来，又准备去往何方？"

那头头道："我们都是润东人士，英国洋鬼子攻占了圌山炮台，不停地对我们骚扰迫害，我们不得已组成了乡勇团与之对抗。后来那些可恶的洋鬼子抓了我们的亲人家属，烧光我们的家园，我们迫不得已来到镇江城，组成'饥民团'，那也是因为我们实在太饿了。"

祥云点点头，道："壮士们的心酸，在下不仅有所耳闻，更是感同身受。英夷烧杀抢掠，坏事做尽，还迫使大家背井离乡，难道你们没有想过报仇雪恨？"

大家听此一说，不自觉相互而望，而后议论纷纷，最后还是那个头头说道："报仇？我们凭什么能够报仇？洋鬼子手上有枪有炮，我们手无寸铁，难道用砖头、树干、石头去和他们干？"

祥云道："不错，正是如此。英夷兵临镇江城下，我们镇江人民也正是有血性的儿女，我们何不团结起来，一起奋勇抗敌？"说着，他把海龄推到了众人面前，说道："这便是我们镇江最高的军事统帅，京口副都统海龄大人，如果大家愿意，他誓必带着大家一起力抗英夷，保卫家园！"

海龄英勇抗英的事迹早在镇江城内外传开，听祥云如此一说，那头头带头，几百人顺时跪倒在地："草民参见大人！"

海龄上前道："大家都起来吧！不管你们愿不愿意，也不管结果如何，老夫一定与镇江城共存亡！你们若是愿意的话，和我一起出一份力，守卫我们自己的家园！"

"力抗英夷，保卫家园！"

那头头突然带头说了一句，很快，这样的声音响彻云霄。海龄和祥云相视而笑，他们准备把饥民团编入镇江城防守卫。饥民团开始移动了。他们有一半人光着脚，脚指头又粗又大，走起路来好像要把沙子、小石头踏碎似的。穿着草鞋和布鞋的脚也雄劲有力。

二百人慢慢地向城墙的各个角落移动。场子上只剩下海龄、祥云以及十几个侍卫和满地的空箩筐、茶碗……

正在此时，有人紧急来报："英夷已经开始行动了，他们有进犯象山的迹象。"

象山，又名石公山，位于镇江城的北面，与焦山隔江相望。如果从江上和焦山上看，如同一大一小的两只卧象，故称为"象山"。这里一直是军事要地，山上有韩公墩，那是宋代名将韩世忠驻兵抗金的地方，海龄每次来此，都会想到他。

海龄对祥云说道："韩世忠是南宋的'中兴四将'之一，若不是他在此镇守多年，南宋王朝绝不会延续那么多年。"

祥云道："大人所言甚是。其实说来镇江城真是了不起，中兴名将曾经在此抗金，为此处书写了不朽的篇章。"

海龄吟道："冬看山林萧疏净，春来地润花浓。少年衰老与山同。世间争名利，富贵与贫穷。荣贵非干长生药，清闲是不死门风。劝君识取主人公。单方只一味，尽在不言中。"

祥云听他吟得韩世忠的这首《临江仙》，很是慷慨激昂，遥想这位忠武之士的抗金义举，仿佛历历在目，于是跟着念道："单方只一味，尽在不言中。大人博学，韩忠武这几句词写得真好……"

说话间，一阵鸣号之声响起，大家的目光不由自主地集中到江面。象山炮台的协领武忠阿放下单筒望远镜，指着不远处道："大人，快看快看，那些英舰……"

海龄点点头，问道："都准备好了吗？"

祥云等答道："准备好了！"

这几日，英国陆军总司令郭富时常睡不着觉，不仅仅是因为被火筏袭击了一次，而且还收到了玛丽小姐的一封分手信。郭富为此又回了几封信，但是杳无音讯，于是便着急进攻镇江，等拿下新的城堡，能够证明自己的能力，或许能在镇江城中重新修书一封以示好，重新让玛丽小姐回心转意。

江长峰道："将军阁下，焦山炮台已经被我们攻克。只要拿下象山炮台，镇江基本无险可守，这座城池也尽在我们的掌握之中了。"

郭富哈哈大笑："是的。玛丽小姐，你等着我，我要让你看看，谁才是真正的英雄！"

船舰行驶不远，郭富从望远镜中看到江面上一排排小船，以麻布为帆，上面布满着星星火火，这正是清军伪装好的竹筏，趁着西南风大作，一步步逼近英舰。

郭富大叫起来："这是什么，又是那个什么火龙吗？"

之前牛鉴夜晚以竹筏火攻英舰，趁着风向，吓退英国军舰几十里。只不过下半夜风向转变，最终烧了自己，让英国人转危为安。这个时候的风向正好是顺着的西南风，步步紧逼，又把英国人吓得半死。

郭富大声命令："卫士，给我开炮！"

属下鲍埃斯立即挥起了旗帜，很快便"轰轰，轰轰"的几声巨响，怎奈竹筏身形娇小，在江面运行的速度又颇为迅速，连发了几十发炮弹，竟然丝毫未动分毫，使得英军诧异万分。

鲍埃斯看到火筏越来越近，连忙建议："将军，情况危急，还是先行撤退吧……"

郭富准备命令军舰后撤，可江长峰看出了端倪。江面上虽然竹筏遍布，但有些竟然是小渔船改装而成的，他指着远方道："将军，不用炮击竹筏，直击那些小船便可。"

郭富问："为何，难不成大船小舟不一样？"

江长峰呵呵一笑："的确如此。将军请看，那些小渔船上面装满了柴火，还浇上了桐油，但是与那些竹筏相比，火势较小。可以预见，小渔船上的柴火堆里肯定藏有士兵。"

郭富仔细一看，的确如此，忙问："那清朝士兵暗藏渔船之中，到底意欲何为？"

　　鲍埃斯抢先回答："将军还不明白吗？他们是想等渔船靠近我们，上我们大英帝国的战舰偷袭我们……"

　　郭富"嗯"了一下，立即命令："炮击小渔船，竹筏放任之！"

　　火炮改变了射击目标，很快一只只小渔船被炮火击中，沉没在扬子江中，可怜的清军士兵还没来得及拼死杀敌，便一下子葬身长江。船毁人亡，只有那呛人的烟雾，飘在扬子江上空，久久不肯散去。

　　郭富看到这般战况，哈哈大笑起来："哈哈，如此甚好，甚好。"

　　鲍埃斯又指着小渔船，道："将军，那些小船好像要逃跑了，我们要追上去开炮吗？"

　　郭富又是一阵狂笑，道："命令军舰，全速向前，追击！"

　　郭富的这一命令，正中海龄下怀，其实这只是他的诱敌之计。海龄布置了火筏攻敌，小渔船尾随其后，为了迷惑英军，有些暗藏了士兵，有些则是扎好的稻草人。等对方发现了端倪，便让暗藏清兵的小渔船拖着载稻草人的渔船返航，等英舰到了象山炮台那些大炮的射程之内的时候，正是他们步入埋伏圈之时。

　　海龄十分严肃地看着江面，道："发布旗语，让渔船即刻入港。"

　　郭富则也同时命令："全速向前，不可放过一艘船。"

　　眼见英舰一步步进入埋伏圈，海龄沉着冷静，等到最后恰当时机，这才大声命令："炮手准备，开炮！"

　　象山炮台是露天炮台，没有环形工事，只是十多门旧式大炮架在山顶。这些大炮一部分是明朝崇祯年间留下的，一部分是康熙年间增补的，虽比较陈旧，但一同发射，仍瞬间如同雨下，很快，英舰四周布满了硝烟。

　　海龄从望远镜中看到这一幕，紧张的眉头顿时有些舒展："哈哈，打得好，打得好，英夷也有今天。"

　　得到海龄的夸奖，炮手们信心十足，个个双眼放光，继续狠狠地射击目标。

　　海龄又发出命令："全力放炮，务必击中英夷战舰。"

英舰弗莱吉森号和布朗底号等多艘战舰被击中，其中郭富所在的弗莱吉森号桅杆还被击得粉碎，惹得他哇哇大叫："射击，射击！"他脸上的肉开始不停地抖动，但是此刻又有何用，场面如此混乱，已经不能组织水兵进行有效的抗击。让他感觉更为可恶的是，那些火筏开始一步步逼近他们的英舰，尽管船舱钢铁铸就，但是周围的船舷、救生用品等全部是易燃物，遇火便会即刻燃烧。看来不退不行。

鲍埃斯是个贪生怕死的胆小鬼，看到如此情景，竟然哽咽起来，道："将军，将军，情况危急，危急啊，实在不便硬撑。我们，我们还是撤吧！"

江长峰倒是一脸镇定，劝道："将军，不可撤退啊。如若撤退影响士气不说，下次再进攻，估计会更加不顺利。尽管目前我们有所损伤，但是清军的伤亡比我们更大，我们应该一鼓作气，全力进攻，迅速拿下象山，实乃上策。"

确实，如果此刻英舰一哄而上，前面的士兵上岸攻击，后面的船舰策应，估计很快便会把象山拿下。但是，如此混乱的场面让郭富慌了手脚。眼下，他唯一可以确定的是，进攻没有十足的把握，后退且能够保存实力，于是下达了撤退的命令。

"后退，后退。各自指挥战舰，回航，快回航……"

其实郭富在犹豫的时候，海龄也正面临着前所未有的大难题。象山炮台上的大炮配备了一座弹药库，只是因为多年未经战争，弹药库存量严重不足，加上后续的炮弹没有及时送达，经过半个多时辰的炮击，弹药几乎用尽。如果一直炮击而突然一下子又停止了，必定会引起英军的警觉，或许他们会拼命抢滩登陆，上山搜寻，如何是好？

冷静的祥云也想到了这一点，建议道："大人，象山脚下有户专卖烟火爆竹的门店，掌柜的姓佟，何不问他借些鞭炮？"

海龄没有多想，怒道："借鞭炮？作甚用？还没有打得了胜仗，难道就要庆祝吗？"

祥云不慌不忙道："大人，我们炮弹用尽，可以以鞭炮取而代之啊。"

海龄听后想了一下，恍然大悟，立即命令："来人呐，快去取鞭炮！"

很快，象山山顶和那些进入港口的小渔船上同时响起了噼里啪啦的鞭炮声，使得郭富等英国指挥官惊讶不已："原来他们的火力如此厉害哇，连渔船上都架着大炮！幸亏我们撤得快啊！"

"全力撤退！"

英国军舰如同丧家之犬，一下子吓退二十余里。火筏攻敌取得大胜。

英国人自从吴淞口进入长江，深入大清内陆，从未尝过败绩。象山一役虽只有几个英国士兵战死，但也算是一个巨大的挫折，身为海陆军总司令的郭富中将负有不可饶恕的责任。他在作战会议上喋喋不休地检讨自己，分析了原因，研究了情况，同时对下一步的作战重新提出了总体部署。

鲍埃斯安慰道："将军，此番情况谁也预料不到，清军狡猾狡猾的，以竹筏引诱我们，实在未曾想到。"

革雷上士也在附和："是的，此事不怪将军，只是清国人狡猾狡猾的，以后让他们好好尝尝我们这些'海上霸主'的厉害！"

郭富叹一口气道："也罢也罢，镇江城自古便是军防要地，今日一看，果然名不虚传。"他翻动着手中海龄的资料，道，"这个海龄原只是剿匪的旗人，却不想有如此能耐，能够击我大英帝国船舰。"

大家义愤填膺道："誓杀海龄，报仇雪恨！誓杀海龄，报仇雪恨！"

郭富道："清军胆敢用火筏焚烧我兵船，我们一定要捉拿中国船只，尽行毁灭……"很快，他令人颁布了告示：

且在镇江、扬州、江宁等府，大江河面，各船不拘大小，皆不得渡江往返，应即示喻通知。自出示之后，倘有不遵渡江往返者，兵船即当放枪开炮向击，并将船只捉拿拘留……

告示贴出后，郭富说道："璞鼎查男爵要求我们拿下江宁，但拿下江宁，必先占领镇江。要占领镇江，首先得清除象山炮台。现在象山已处于戒备之中，当以正面强攻和侧面袭击相结合，我看也可绕过象山江面嘛……"

鲍埃斯站起身来，拍手叫好："很好很好，将军所言深谋远虑。江面行舟是我们的本行，我们不一定非要在象山纠缠，也可绕开此处。"

很快，一张军用地图摊在会议桌上，汉奸江长峰指着西面，说道："沿着扬子江往西，便是北固山、蒜山、银山、金山了，再往西还有西津渡，那是镇江城的渡口码头，这几处都有登陆之地，将军可以考虑从这几处登陆上岸……"

郭富想了想，指着中间的蒜山道："这里，这个山顶，我要把我们大英帝国的米字旗插在这边！"

英国人开会研究新一轮的进攻方案之时，海龄和祥云等人也正在研究新的防御措施。他们在象山的炮台旁就地打开镇江城防图，众官兵围坐一起，七嘴八舌，议论纷纷。显然他们还没有从刚刚的胜利中走出来，个个嘻嘻哈哈，心情愉悦。

海龄给大家泼了一盆冷水："此次侥幸得胜，并不是我们全力击退英夷，只能说是吓退。既然是吓，英夷知道自己上当受骗，定会卷土重来，众将士必须更为谨慎才是。"

大家一起点头："甚是，甚是。"

关于新一轮的防御，海龄说道："象山炮台还是重点，协领武忠阿除了日夜巡防以外，还需尽快添加炮台和炮位。"而对火筏的成功退敌，海龄更是大加赞赏。

协领武忠阿等布防将领个个领命归去。他们离开后，海龄问祥云："估计英夷下一步会作何打算？"

祥云道："英夷在象山吃了大亏，定不肯善罢甘休……"

海龄问道："你的意思是他们还会在象山进行新一轮的进攻？"

祥云道：《孙子兵法》有云：'兵者，诡道也。'表面而言，英夷在象山江面布满船舰，似乎有所作为。但是我感觉他们是在故布疑阵。"

海龄忙问："那依你所见，英夷会攻入哪里？"

祥云看了看地图，想了想，道："东面上岸偷袭，已经在北门鏖战失败，英夷定不会由东进攻。而往西，又有北固山炮台的威胁，他们或许也没那个胆……"他指了指地图，道："这里，小人以为，很有可能是这里！"

祥云所说的正是郭富所想，蒜山正是镇江城布防较为薄弱之地。这座位于城西，毗邻长江的小山丘，也只有四十多米高，却十分出名。东汉末年，江东霸主孙权在京口筑"铁瓮城"，建城京口。领导东吴水师的周瑜与诸葛亮代表孙、刘两方联合抗击曹操，相传他们便是在这蒜山定下火烧赤壁之计，在长江赤壁一带大破曹操大军，奠定三国鼎立基础，从此，后人亦称蒜山为"算山"。

来到蒜山，海龄登上高处，极目远眺长江，不禁发出感慨："当年蒜山之战，可谓惊天动地，也只不过是过往云烟，早已经回到历史的尘埃之中。我们如今坚守镇江，不知后人会如何评说？"

海龄所说的蒜山之战，那是东晋时期发生的一场有名的战役，农民起义军领袖孙恩率领"战士十万，楼船千艘"，由海入江，直抵镇江，控制西津渡口，切断南北联系，以此围攻晋都建康，京口人刘裕率领的北府兵以少胜多大败孙恩，成为镇江战争史上的一场经典战役。

祥云熟读史书，自然懂得，他道："大人不必过虑，千古功业，自有后人评说。那孙恩虽打着为民请愿的旗号，但他除了会用宗教迷惑人以外，并没有多少才能和远见。他带领的军队一派流寇作风，到了一个地方，除了杀死地方官之外，就只会劫掠财物，烧毁仓库房屋，甚至于砍伐树木，填埋水井，完全是一个疯狂的破坏者，堪比眼前的英夷啊。"

海龄呵呵一笑："确实如此。但愿此番我们与英夷的蒜山之战，定要让他们与孙恩一样，有去无回。"

说着，他不禁吟诵起诗来：

沽酒南徐，听夜雨，江声千尺。
记当年，阿童东下，佛狸深入。
白面书生成底用，萧郎裙屐偏轻敌。
笑风流北府好谈兵，参军客。

人事改，寒云白。
旧垒废，神鸦集。
尽沙沉浪洗，断戈残戟。
落日楼船鸣铁锁，西风吹尽王侯宅。
任黄芦苦竹打寒潮，渔樵笛。

祥云听得出，这是清初诗人太仓的吴伟业所作的《满江红·蒜山怀古》，满纸的京口南朝史事，字里行间尽是沧桑兴废的感慨，让人无比动容。听到此词，再想想现在的处境，祥云悲从心来，当下有些忧伤。

夜，已经很深了。浓墨一样的天上，连一弯月牙、一丝星光都不曾出现。偶尔有一颗流星带着凉意从夜空中划过，炽白的光亮又是那般凄凉惨然。

两艘英国军舰悄悄地绕过象山炮台，辗转到了蒜山脚下的江面上。这一次郭富的指挥舰没有前往，而是让鲍埃斯带队先行侦察。他让舰长把船开得慢而稳，却不想已经走上了不归之路。

风，是子夜时分刮起来的，开始还带着几分温柔，丝丝缕缕的，漫动着柳梢、树叶，到后来便愈发迅猛强劲起来，拧着劲的风势，几乎有着野牛一样的凶蛮，在江上的每一朵浪花中漫卷着，奔突着……

"军士，你看那是什么？"鲍埃斯指着不远处的一团团火球问道。

"将军，那，那是……火筏啊……啊……"

狂风骤起，蒜山脚下的那一排排燃烧的竹筏，乘风而下，如同箭在弦上，快速地冲着英舰而去。

"快，快，快快抵挡！"

鲍埃斯狂叫着，但是哪有水兵能够抵挡得了？而他大惊失色之后，强作镇定，又命令用小船将竹筏驱散。只是刚驱散了一排，另外一排很快又顺风上来了。

竹筏上火势蔓延，很快船舰上起火，有船员已经身上着火，被烧得哇哇大叫。

鲍埃斯彻底没辙了，他一边下令撤退，一边退到了下面的船舱。

舱外的风，依旧呼呼地刮着，卷起的阵阵浪花，直啪啪地打在窗棂上，发出沙啦沙啦的声响。窗内，灯火已经熄灭，在墙面映照外面的火还是那般跳跃，不时地爆起一朵亮亮的灯花，随后一缕黑烟就蜿蜒升起……

第九章　百姓困城

茫茫长江，一片寂静的孤城。

尽管焦山早已失守，但是城外还有一座象山炮台顶着，加上两次火筏攻敌，海龄守卫镇江心里有了底气。他没有了当初的焦急与烦躁，多了一份淡定，有条不紊地指挥着防守事宜。

英舰开始炮轰镇江城了，"轰轰"的大炮声陡然响起，炮弹在镇江城的四处爆炸，弹片横飞，瓦片和泥土溅向街道，一时烟雾迷蒙。有的至今还不明真相的士兵和百姓被这猛烈的炮声震得目瞪口呆，有的兵勇捂住耳朵，闭上眼睛，连头都抬不起来，怎么还能顾得上还击？

百姓更是遭殃，炮弹不停地落地开花，被击中的民众，当场被炸得血肉横飞，一命呜呼。也有的被弹片击中，血流不止，痛苦呻吟，其状惨不忍睹。

海龄看到这样的惨状，却无计可施。英夷的船舰都在大炮、火枪射程之外，不可能进行有效还击，至于主动出击更是不可能，那简直是自送性命。不过英夷只是炮轰并没有攻城，而且时间也是一段一段的。

　　晌午过后，炮声渐止，海龄走出书房，准备再去城门巡查。他叫上了骁骑校祥云，换了便服，骑马出行。几个炮台和四个城门巡视完后，不到半个时辰，他们来到镇江铁瓮城南门，下马后拴住缰绳，慢慢地转到西河沿一带。

　　铁瓮城为东吴大帝孙权所筑，开南、西二门，内外皆固以砖壁。由于是繁华地带，市廛栉比，店铺鳞次，百艺杂耍俱全，地摊上摆着宁砚、明瓷、金箸玉碗、镂金八宝屏和阗碧玉瓶，还有海外舶来品紫檀玻璃水晶灯、报时钟、铜弥勒佛、鼻烟壶、名人字画……真是琳琅满目，应有尽有。

　　二人原为寻找清静，不想撞到这里来了，这儿竟比西津渡更嘈杂了许多。祥云见海龄兴致不高，便说："大人，那边河上的风光好，咱们不如到那走走？"

　　海龄点点头道："也好。"

　　由于镇江知府祥麟封锁消息，沿江一带也早已经封锁戒严，一部分不明真相的百姓并不知道英夷兵临镇江城下。于是在这里出现了难得的繁华，也是情理所在。

　　两人正聊着攻防情况，忽然听得左边一大群人轰然喝彩。海龄守城多日，时刻关注镇江城的一举一动，这时的嘈杂声立即引起了他的注意，他挤进去一看，原来是一男一女两个江湖卖艺人在表演。那汉子有五十多岁，打了赤膊，在走场子。他划开个人圈子，将辫子往头顶绾一个髻儿，就地挥舞了几下明晃晃的刀，然后一个空心翻，几个动作一气呵成，最后刺刀脱手，直直地刺向那名女子。

　　女子二十岁左右，身材窈窕，容貌姣好，脸上笑容满面，头顶一只大苹果。那刀呼呼刺向她，她并不躲闪，正当大家都为她捏一把汗的时候，那刀把苹果砍成了两半，然后直直地插入了她身后的树干上。

　　如此精彩的杂耍表演，众人不禁拍手，大声叫好！

汉子收敛起严肃的表情，双手抱拳笑道："各位乡亲父老，老朽初登贵地，人生地疏，全仗各位老小照应，在下虽有几手三脚猫功夫，并不敢在真人面前夸海口，有个前失后闪，还望各位看官海涵！"

众人又是一阵喝彩。

汉子说罢指着站在一边的女孩道："这是小女朱湘梅，今年十九岁，尚未聘有人家。不是老朽海口欺人，现诸位有人倘若爬那棵树，比小女爬得还快，那就把小女奉送君子，做妻、做妾、做奴、做婢悉听尊便，决无反悔！"

海龄不觉看呆了。他似乎在什么地方见过这位女子，却怎么也想不起来，回头招呼祥云道："这倒有趣了，不妨看看。"

那女子娇艳中带着几分泼辣刚强。只见她手握发辫站在一边抿嘴含笑，并不羞涩。听得老父说完，便在场中走了一个招式，细步纤腰如风摆杨柳，进退自如，似舟行水上，内行人一看便知，她的轻功了得。

这时看热闹的人越来越多了。人们你推我搡，就是没人敢出头一试。

半天，忽然一个精壮汉子跳到姑娘面前，拱了拱手，然后红着脸说道："俺来试试！"

女子轻轻抿嘴一笑，起身两步飞奔到树上，男子不甘示弱，紧跟而上，只是脚刚一踏上树干，树枝便"啪"的一声断裂开来。女子慢悠悠地直往上爬，男子却手脚朝天，后背朝地，摔在地上，逗得大家哈哈大笑起来。

这时候大家才明白，那棵树小，只适合身材轻盈者，汉子踩上树干，树显然承受不了他的重力。另外又有几个人与女子进行了比试，却也是扫兴而归。

朱老汉哈哈一笑，道："各位壮士，不知还有谁想来试一试的？"见大家无人应答，于是他便翻过铜锣准备收钱。

正在这时，圈外忽然大乱，几个彪形大汉一边推人，一边喊着："闪开！闪开！穆协统大人来了！"

海龄正奇怪着，哪里来的什么穆协统大人，便见人群中已闪出一条通道，那个瘦瘦的着守城侍卫长军服的人下马，将马鞭子随手扔给随从，捋了捋袖子走上前去问："老头子，这是你的女儿？"

朱老汉见来了一位官爷，忙作揖道："回老爷话，这是小女朱湘梅。"

"嗯，不错，不错。"

穆协统绕着朱湘梅看了又看，精瘦的脸上挤出一丝阴险的笑意，说道："听说现场无人能够有你女儿爬树爬得快啊，功夫实在了得哇。"

朱老汉又是一阵作揖，笑道："承爷夸奖，她不过练了几天的轻功，其实都是些三脚猫的功夫，实在叫行家见笑。"

穆协统横着眼把朱湘梅上下端详了一阵，回头对身旁的卫兵说："这小娘子长得蛮俊的嘛，老子倒要领教领教。"他对着朱湘梅伸手做出了一个请的姿势，然后迫不及待地跑到树前，施展轻功上树。朱湘梅没有来得及多考虑，急忙跟在后面，也跃身上树，只是当她上了树干之后，未等再跃一层，那穆协统便跃身比她还高，脚踩女子之手，直直地跳到了树梢高处。

朱湘梅"啊"的一声摔落到地，穆协统便轻身跳下，扶住了她的手说道："姑娘，你这就跟我了！"他哈哈大笑起来，不经意间用右手摸了摸自己的鼻子。

这一系列举动激怒了朱老汉，他手持大刀，呼呼地劈了过去。这一举动穆协统没有注意，倒是他身边的卫兵已然发觉，他们纷纷挑起长矛，围住了朱老汉。

"住手！"

祥云在旁边实在看不下去，一步跨出人群，双手一拱，朗声说道："这位穆协统大人，在下也是旁观者，虽说你比这女子先行到达树木顶部，但是你踩着她手上去，便是胜之不武！这且不说，即便是迎亲嫁女，也要择个良辰吉日，你这般行径，与抢亲何异？"

海龄、祥云都身着便服，穆协统并不认识，他把他们上下一打量，呵呵笑道："你这臭小子，哪里来的跑这边撒野，这儿哪里有你说话的份？"

朱老汉见相助人，可能要吃亏，于是上前相劝："壮士，多谢相助，你不要多管闲事，否则或许性命堪忧……"

祥云呵呵一笑："我一般不多管闲事，不愿管，也不想管。不过眼前此事，我是管定了。"

朱老汉叹一口气，道："自古，民不与官争，穷不与富斗。壮士要是想帮在下，赶紧去报官府，昨夜铁瓮城玉皇庙奸淫案，我已经找到凶手了，就是他！"

众人一愣，那穆协统一惊，海龄更为疑惑，忙问祥云："昨天发生了奸淫妇女案？"

祥云想了一下，道："在下似乎有所耳闻。不过此事是钱知县负责的。这等小案，老爷如何关注……"

海龄厉声道："这是小案吗？"然后上前问朱老汉："壮士，你说什么奸女案，又如何破案，慢慢道来！"

那穆协统见又有人打抱不平，自己还被指为凶徒，有些气急败坏地掏出火枪，指着海龄的脑袋，道："又来一个不怕死的，胆敢多管闲事……"

海龄突然抓住对方的手，反手一下，趁对方不注意，把洋枪轻轻松松地抢夺在手，道："这是我们大清子民攻打英夷的武器，你竟然拿着它对着自己的同胞……"

正说话时，有人高喊了一句："知县大人到！"

丹徒知县钱燕桂在衙门坐班，准备打道回府，看到前面这般热闹，于是让人停轿，下来查看。当看几个兵士围着一个老汉，一个卫士打扮的人拉着一位女子，顿感有事要发生，刚准备劝阻，看到旁边站着的是副都统海龄和骁骑校祥云，立即跪下请安道："卑职不知道副都统大人驾到，有失远迎，还望恕罪。"

人群开始骚动，得知眼前的这位竟然是镇江军事防卫最高统帅，大家立即下跪。而那位穆协统更是吓得把火枪摔到一边，身体哆嗦不止。

"草民等叩见大人！"

"下官叩见大人！"

海龄挥挥手，道："罢了，都起来吧。"

众人立即喊道："多谢大人！"

海龄转向钱燕桂，问道："钱大人，老夫刚刚听闻此处昨夜似有案子，还是奸淫妇女的通天大案，是否有此事啊？"

钱燕桂道："大人，确有此事，下官正在竭力追查真凶，只是，只是……"

海龄道："老人家刚才说了，便是这位什么协统，你现在就把他们全带回衙门审问吧，老夫也去瞧瞧。"

钱燕桂立即应着："是，是，是，下官这就回去升堂审问。"

丹徒县衙离铁瓮城不远，约莫一炷香的时间就到了。知县大人返回，副都统大人亲自过来，升堂的速度自是不慢。随着一声升堂号令，站班的衙役拿着水火棍依次而进，各就各位；二十名军兵则守在县衙的大门两旁。刑具是早已有的，分放在站班衙役的后面，随时抬出来准备使用。

衙门大堂内主审的位置钱燕桂自是不敢坐的，他非要海龄上座。海龄厉声道："你是知县，你不坐谁人能坐？我就坐在这边吧。"

海龄说罢坐到堂下的一张椅子上，钱燕桂这才战战兢兢地宣布："带嫌犯！带证人！"

很快，朱老汉和女儿朱湘梅来到了公堂之上，那刚刚还不可一世的穆协统战战兢兢地走了过来，倒地便拜："大人啊，冤枉呐……"

钱燕桂惊堂木"啪"地一拍，道："还没问你话，无须回答。"说完，他转而问朱氏父女："你们到底是何人，又为何说他是奸淫妇女之嫌犯？快快道来。"

朱老汉道："草民朱士奇，丹徒人氏，家住城外京杭运河边上，本可以安居乐业，不想英夷闯入我们家园，掠夺我们家产不说，还残忍杀害草民的夫人和老母……"

朱老汉的叙说并不造作，反倒引起大家的共鸣，纷纷感叹这个家庭的不幸。但听他继续说道："后来家园无法居住，我只得和小女随饥民逃入镇江城，本想找亲戚暂居，可不想亲戚听说英夷要打过来了，已早我们一步离开。无奈我们只得流落街头……"

钱燕桂拍了一下惊堂木，大声说道："本府不是听你叙说你和家人的不幸，快把你所知案情速速禀报上来！"

朱老汉抹了一把眼泪，道："是，大人。草民找不到亲戚，本想也随他们外出投靠他人，一来这里居无定所，二来英夷来犯必有牵连。可不想官爷们已经把城门紧锁，不放任何一人过去，我们幸习得一些武艺，只好在街头卖艺……"

海龄点点头，道："这是知府大人的意见，不过也并无过错。一来防止混乱，再者也防汉奸渗入。况且也不是一直不开城门的，每天也会打开一个时辰，开一扇门，想要出城的人，还是有机会的。"

朱老汉道："我们普通百姓，哪里懂得这些？守城门的官爷似凶神恶煞，在城门两边威严而立，交刃以对，使行者匍匐从刀下而过，行人稍有抬头，利刃便划破头颅，鲜血直流。对于慌乱之中背井离乡的民众，官爷还不允许携带随身衣物之外的东西，发现了立即抢夺下来……"

海龄一边听着，一边问："竟然还有这等事儿？"

钱燕桂立即站起来作揖，回应道："大人，此事不一定是真的，还有待查证。"他坐下后，又拍起了惊堂木："好你个朱士奇，问你案情之事，怎么还是顾言其他？赶快说正题！"

朱老汉道："官爷不仅如此作威作福，看到稍有姿色的，还要调戏；更有甚者，便是这位穆协统，公然奸淫妇女。"

一直都是朱士奇侃侃而谈，一旁的穆协统战战兢兢没有说话，一来他作威作福欺压朱氏父女，二来他用枪对着副都统大人，再加上此刻朱老汉又指证他所犯严重罪行，他立即叩头如同捣蒜，道："大人，冤枉啊，冤枉啊，小的根本没有犯下此滔天罪行，大人明察！请大人明察！"

海龄插嘴问："你到底是何人，何谓协统？"

穆协统慌忙解释："小的穆之瑞，在城中南门担任城防协统，负责城门人员的进出……"

海龄"哼"了一声，道："只是一个小小的九品芝麻绿豆官，便如此作威作福，实在可恶至极。"

钱燕桂又问朱士奇："你如何知道穆之瑞奸淫妇女，可曾亲眼见到？"

朱士奇道："那日我和小女准备出城，排在前面的一位女子也在单独出城，颇有几分姿色，这位穆大爷百般刁难，就是不让出去。后来我们见出城如此不易，也就不打算出去，只待镇江城化解了这场危机后，再作打算。那日晚上，我和小女在铁瓮城的玉皇庙露天而宿，夜晚听到有女呼救，但见有一蒙面人已经行了不轨之事，后来才知这女子便是早晨所见的那位出城女子，被人下了药后奸淫。而那蒙面人，我们没有抵抗得住，很快被他逃之夭夭……"

钱燕桂将了将胡须，转头看了看海龄，这时海龄也正看着他。对视之下，他立即明白，海龄与自己有一样的疑惑，即如何认定凶手便是堂下的穆之瑞。还未等钱燕桂问，朱士奇便继续道："这位穆协统调戏那位女子，本就是最佳怀疑对象，但没有真凭实据亦不可冤枉好人。于是我和小女街头卖艺之时，便想出比试轻功招亲之法，或许能够试探出凶手，没想到这位穆协统果然上了当，他的轻功与当日在玉皇庙逃离之时一样，身手确实不凡。"

尽管指正到此，已经有了明确的证据，但是那穆之瑞仍然死不认账："你既然没看到那蒙面人之脸，如何认定一定是我？天下武功千奇百怪，轻功若有相似，那也是正常啊。大人，冤枉啊！"

朱士奇呵呵一笑，道："那日那人还和你有一个共同点，喜悦之后便好用右手摸自己的鼻子。你刚才轻功胜了小女，便得意忘形如此一摸，

103

才让你这只狡猾的狐狸露出了尾巴。"

听到此处，基本可以认定凶手便是穆之瑞了。钱燕桂把惊堂木一拍，大声喝道："好你一个军中败类，竟然干出如此禽兽之事，到现在还不认罪，非得用刑你才招供！"

按照大清律例，一般嫌犯没有特别的证据，并不能对其用刑。然而，当侍卫把刑具夹棍往前面一扔，一直欺压百姓底气十足，却难见如此场面的穆之瑞已经吓得浑身发抖，他说话已经语无伦次："大人，大人，小的冤枉，冤枉……"

钱燕桂大喝一声："事已至此，你还狡辩，动刑！"

这时候的穆之瑞已经没有了任何的狡辩勇气，只得认罪："大人，勿要动刑，勿要动刑。我招认，都招认了就是……"于是穆之瑞声泪俱下，供出了那晚禽兽之事。

此事与朱士奇父女推测八九不离十，穆之瑞作为守城侍卫，见到貌美民女出城，调戏不成，故百般刁难，不让其离开。等到其夜宿玉皇庙之时，便强行将其奸污。尽管朱士奇父女知晓，想去营救，但此事已然发生，无法阻止，又因他轻功好，让之逃脱。

看着看着，海龄的脸色变了，好啊！如此凶险之时，竟然发生这样的事，而且竟敢如此明目张胆。无法无天，这还了得！他伸手就要去端茶杯，不料手竟然伸到了茶水里面。他勃然大怒，站起身来，一脚踢翻了几案，就听"哗哗啦啦""叮叮当当"的一阵乱响，满案的文书、茶杯，全都打翻在地。

钱燕桂吓得连忙站起身来，其他侍卫惊得愣愣地站在那里。只见海龄气得脸色发紫，五官都几乎挪了位置，浑身颤抖着大声喊道："如此大恶不涉之人，天理难容，应当立即判处斩立决！"

这一下，钱燕桂慌了神。对于死刑的判决，县令虽有判决权，但是必须要上报朝廷的中央机构审核批准才能成行。对于立决的死刑案件，一般先经刑部审定，都察院参核，再送大理寺审允，而后三法司会奏皇帝最后核准。钱燕桂见海龄虽然是陪审，但是却口出"斩立决"之言，必不能得罪这位上司，更不能违反大清律法之规定，于是连忙从台案下来，道："大人，请暂息雷霆之怒，听下官一言。"

"嗯？说！"

"是，下官以为，此案虽然已有定论，但是死刑交刑部议处，依律治罪。再者，此案可当作镇江守城将士的一个反面行为，也可杜绝此类事件再次发生。"

海龄想了想，道："也罢，先暂且收监吧，上报刑部后，再行定夺秋后处决。"

退堂后，穆之瑞被押解到监狱，朱士奇父女告辞后也出城了，一干人等散去。祥云受海龄之托，把朱氏父女送到了城外，他恋恋不舍地说道："朱大叔，朱姑娘，你们保重，一路小心！"

朱士奇见祥云一直盯着自己的女儿，心里明白了几分，笑道："大人，青山不改，绿水长流，我相信小的父女还能与大人再相见的。"

祥云点点头，见他们走远这才折回。

海龄返回府的路上，想起了百姓困城之事，对祥云道："如今战事众多，百姓是否愿意待在镇江，悉听尊便，切不可强行封锁城门，与我们共担风险。"

祥云道："确实，百姓去留自由，才能对朝廷有所信任。军民一心，才能共抗英夷，只是，我怕……"

"嗯？怕什么？"

"如今危急之时，那个协统虽有恶行，但是杀之可否？"

"如此恶贯满盈之人，没有斩立决已经算便宜他了，莫不是你还要为他求情？"

祥云连忙摆手："那倒不是，大人！大战在即，民心要稳，军心亦要稳。守城协统有罪，但毕竟又有功劳在身，再加上此时正是用人之际，我怕总督大人、知府大人会……"

　　"不必再言，此事就让钱知县上报朝廷，等刑部议后再说吧。"

　　"我只怕此事会有非议，他们有为难之处啊，大人也会有麻烦呀。"

　　海龄爽朗地笑了："英夷兵临镇江，如此大的麻烦我都不怕，还怕其他作甚？"

　　祥云不再言语。

第十章　象山失守

似锦的朝阳，给副都统府的门楣柱上的描龙雕凤涂上了一层金黄的色彩。在后院的花园里，那几盆茉莉花白珠初绽，洋溢着徐徐清香。还有那些娇艳的串串红，点缀其间，非常好看。

海龄已经在镇江城内巡视了一遍，然后回到府内，刚练完八卦太极拳，心里享受着片刻的宁静，他胡须飘然，精神格外抖擞。

"老爷，该用早点了。"这是第二次催促了，显然下人担心主子饿着了，不免有些焦急。

"嗯！"海龄点点头，双脚却扎起了马步，两眼微闭，气沉丹田。下人急了，忙又说："老爷，该进早点了。外厅还有客人在候着呢。"

海龄双目微睁，慢悠悠地问："是何人候着？"

下人禀报："浙江参赞大臣齐慎，还有湖北提督刘允孝，他们是奉总督大人之命来镇江协防的。早前已经来到了镇江，此刻特地来拜会大人。"

"哎呀！"海龄赶紧收起了步子，把手一挥，说道，"快请进！"

"老爷，那早点呢？"

"和茶一起送到客厅吧，一碗锅盖面即可。"他想了一下，又说，"对了，给两位大人也都奉上一份吧。"

海龄说罢，赶紧更衣换上朝服，匆匆来到了前厅。齐慎、刘允孝带着几个兵丁已恭候多时，他们相互作揖行礼，然后分宾主落座。海龄拱拱手道："三企兄、允孝兄前来，小弟未成远迎，失礼失礼啊！"

二人呵呵一笑："哪里，哪里。"

海龄道："二位此刻前来解困，老夫感激之致啊。来，先请二位吃下这镇江名吃锅盖面吧！"

齐慎虽然是个年近七十岁的老人，但是两鬓和胡须依然乌黑，眼睛深凹却炯炯有神，给人一种老不服输的感觉。他爽朗地笑了笑，说道："副都统大人客气了。国以民为本，民以食为天，大人想得真是周到哇，我们也得先祭祭五脏庙喽！"说罢端起大碗便吃。

身边坐着的刘允孝是武将出身，做事雷厉风行，跟着也吃了起来，很快一碗下肚，便问："大人，还有吗？"

海龄见他们吃得津津有味，哈哈大笑，道："兄弟都是爽快之人，好的，来人，再上面。"

齐慎第一次来镇江，听说这面名字古怪，便问："如此好吃的面，怎么叫锅盖面，莫非是用锅盖煮的？"

"大人真是聪明，此面就是用锅盖放入面汤而做成，相传与我们高宗皇帝乾隆爷有莫大的关系。"

两人顿时来了兴致："哦？愿闻其详！"

海龄放下碗筷，道："传说，当年乾隆爷下江南时，路经镇江，便被此地风景人文所吸引。相传有一日，他身着便服，一路寻至本地名气最大的张嫂子伙面店。张嫂子和丈夫慌忙招待，好不容易让客人吃上面后，在厨房里听见客人连声说：'味道不错，味道不错，不烂不硬，喷香爽口！'"

"为何喷香爽口？"齐慎追问道。

海龄接着道："没想到，乾隆爷一边说一边走进了厨房，一声惊叫，'呀，你怎么将锅盖放在锅里煮起来了？'张家嫂子这才发现，自己刚才手忙脚乱，竟将汤罐上的小锅盖错当成了大锅盖，连锅盖摞到锅里也不知道。

"乾隆爷光顾镇江伙面店，连说两声味道不错，并赐名'镇江锅盖面'。这之后此事传开了，镇江大街小巷便出现了很多锅盖面店……"

刘允孝道："原来此面与乾隆爷有莫大的关系啊，承恩御赐名字，皇恩浩荡，那必定得再来一碗！"

海龄哈哈大笑，而后叹一口气，道："锅盖面虽然色香味俱佳，只怕英夷咄咄逼人，镇江城破，或许也要将失传于世了。"

齐慎听了，把碗筷一摔，道："此番皇上降旨，要我等协防镇江，也就是和洋鬼子拼命的。我和刘大人此次前来，做足了准备，我看英夷也不是那么容易能攻进来的！"

海龄大声叫好，道："二位大人前来相助，实在太好了，老夫这厢感谢了！"说着他站起身来，作了一个揖，然后问道："两位大人，不知带来了多少兵勇壮士？"

齐慎道："此番前来，老夫领兵七百名，不过个个是骁勇善战之士。皇上深知镇江城防之任务艰巨，又让刘提督从九江领兵一千多湖北勇士。这一千七百多名兵士，虽不是铜墙铁壁，但是对付几个英夷还是绰绰有余。"

海龄颇为失望，满以为朝廷派兵会有上万，或者再怎么也有五六千清军前来助防，如此看来兵丁只有不到两千，而且都是外地兵勇，兵与将不识，兵与兵不知，武器估计也好不到哪里。不过事已至此，海龄再心有不满，也得仍然感谢："多谢二位，城防要靠你们啦……"

齐慎、刘允孝呵呵一笑："哪里，哪里。"

正说着话，突然耳边传来了震耳欲聋的轰炸声，几枚炮弹在后庭炸开了花，顿时府内乱成了一片。海龄怒声问道："来人，去看看，到底何事？"

下人有人应了，很快禀报："大人，不好了，不好了。英夷，英夷开始进攻象山啦……"

象山一战让英国船舰后退了几十里，火筏攻敌让英军海陆军总司令郭富吓破了胆。然而当侵华全权代表璞鼎查从广州回到长江流域英国军舰上的时候，局势发生了重大变化。

璞鼎查戴着高高的绅士帽子，穿着西服，打着领结，满脸胡须，面带微笑，简直是一个绅士模样。但是他深邃的目光如同一匹战狼，他的骨子里沉浸着侵略的欲望。

老璞鼎查可是大英帝国的英雄，他是维多利亚女王的功臣。他曾经转战欧、亚、美、非、澳五大洲，也有过与荷兰人、西班牙人、葡萄牙人、法国人打仗的经历，那当然是为了抢占地盘的归属权问题。当年，老璞鼎查也和巴西、印度、澳大利亚、英属非洲领地的土著民族们打过交道，镇压和欺骗是他最得意的手段。当他年老的时候，据说看上了一位在伦敦开中国餐馆的中国老板的女儿，后来千方百计使用他那得意的"另类手段"，加上货真价实的金银财宝，但最终也没有打动那东方姑娘的心，而且那位中国老板也坚决表示不能同意，最大的理由便是一位十八岁的中国姑娘绝对不能嫁给一位七十多岁的老头，尤其是这位英国高鼻梁的老头！

老璞鼎查气愤不已，一下子卧床不起，在弥留之际召来了家人和奴仆。老家伙费力地睁开他那黯淡无光的眼睛，说："儿啊，那个儿啊。给我，拿下大清国，那个东方国家……为父，了却为父的心愿呐……为父，为父死也瞑……目……啦……"

几年之后，当外交大臣巴麦尊宣布维多利亚女王陛下会派璞鼎查到中国代替全权代表义律时，他心花怒放，真想立即跳起他那最拿手的华尔兹。不过璞鼎查毕竟是个老手，他沉着冷静，把一切心思隐藏心底，自不会和别人说。

这个清晨，他站在侵华的英舰上，再次回想起过去的那一幕幕，自是感慨万千。老父亲为了一个中国女人到死都不瞑目，总有一天，我要让中国的女人全部臣服于我。他一边想着，一边登高遥望，但见茫茫扬子江上灰蒙蒙的云团之中涌出一轮血红的朝阳，为南边一带峥嵘的海面镀上了一层紫红的颜色。排空峙立的浪涛泛着白沫，裹着江风，喧嚣着、奔涌着，一次比一次更有力地撞击江堤，推向江岸。

"南风来了！"

璞鼎查心情突然一阵激动，略一沉思，便吩咐手下喊郭富、鲍埃斯到跟前。二人很快到了甲板上，不禁一惊，郭富忙问："爵士，到底出了什么事？"

璞鼎查收起了望远镜，脸上毫无表情地说道："将军，等了多少天，总算南风将起。机不可失，时不我待，即刻行舰作战！"

郭富作为战舰主要负责人时，只知道一味强攻，哪里懂得什么依靠天时地利。而这位战争狂人的后代，却在巡查一番后，再利用天时，对象山炮台进行了新一轮的攻击。

"换新旗！"

璞鼎查看到冲锋的船舰上的大英米字旗竟然被炮火击中后，燃烧了一个角，于是下令重新换新的。很快，大英米字旗在雄壮的军乐中冉冉升空。此时南风骤然而起，吹得旗帜猎猎作响。

米字旗在南风中飘荡，旗舰后面，满载水兵的船舰一列列依序驶向前方。波涛翻滚的江面上，升起了团团杀气，进攻象山的战役正式开始了。

风催战舰箭一般驶去，像一只只硕大无比的巨象在江面上破浪前行，溅起老高的水花。象山越来越近了。岸边突起的礁石，像怪兽一样在浪涛中若隐若现，但山上却是一点动静也没有。

郭富等毕竟吃过清军的亏，又将迎象山之敌，心脏突突直跳，两只手握着船舷栏杆，又湿又黏，全是冷汗。他轻吁了一口气，故作镇定，回头对璞鼎查笑道："不知道这里的守将是不是海龄，我们如此浩浩荡荡，动静巨大，他们早该炮击我船，乘乱出击才对呀！"

璞鼎查手中的望远镜一直没有放下，扑上船舷的江水打得他浑身精湿。听了郭富的话，他动也不动地回答道："象山上已经有动静了……"

防守象山炮台的协领武忠阿已经在此驻防三四天了，他和士兵们同甘共苦，吃喝拉撒全在此地，片刻不离阵地。他一有时间便观察英舰动向，及时汇报给驻防镇江的各位大人。英国人这次进犯，与以往的一字排开不同，他们分为几个舰队，几个方位互为掎角，象山明显感觉到了压力。

武忠阿一边命人做好开炮的准备，一边令人通知各位大人："象山有难，请大人们务必增兵驰援！"

等英舰到了射程范围之内，"轰"的一声，象山上的大炮震天响起，集中火力向璞鼎查的船舰猛击过来，周围立时激起的一道道水柱，哗哗地向船上倾泻。与此同时，那几十艘战舰一一排布开来，迎弹而上。

璞鼎查并不慌张，他沉着地命令郭富亲自指挥，然后将手中红旗一摆，前队十来门大炮，几百支枪同时怒吼起来。这些大炮射程远，换装火药快，只是后坐力大，每次发炮船身便剧烈地抖动。

炮弹划过江面，有的落在象山之上，有的落到了镇江城内，惊得海龄等人忙问怎么回事，等弄明白一切，海龄已然换了武将服饰，带着骁骑校祥云以及卫兵赶往象山。两江总督牛鉴也让卫兵抬着轿子前往，想要见证象山战役的再一次胜利。然而，此次非彼次，海龄感觉到危险来临，困难重重。

英舰只要齐发炮弹，象山便立时浓烟四起，山顶上随处可见被炸飞了的旗帜和被炸断的桅杆。炮台上的清军慌乱地奔跑着，却听不清嘶叫些什么，不久又趋于平静。原来海龄正在鼓舞士气，整饬军纪。激励的话语说完，他命令旗手："打旗语，左右两翼不必顾我，集中火炮攻击中间那船舰！"可连叫几声，身旁的旗手却一动不动。海龄不禁大怒，从腰间拔出剑，要斩了这吓昏了的水兵。走到跟前却愣住了，原来这位旗手已被炸死在炮台旁边，手里还紧握着令旗站着，鲜血和着炮筒汩汩地往下流着。

看英舰的火炮实在是厉害，海龄下令利用火筏进攻。然而，没等士兵把火筏放出，就先后被英舰上的炮弹一一击中。海龄刚想命令士兵补救，看能否换另外一个方向发射，却不料英军前锋战舰已经与停泊在江岸边的渔船冲到了一处，大炮失去了作用。有些英军已经顺着渔船上了岸，在枪林弹雨之中，火箭大展神威，双方都有兵舰的帆被燃着。熊熊火光中桅杆的爆裂声、呐喊声、惨嚎声、战舰的碰撞声、白刃相搏的格斗声和长江大浪的喧嚣声搅成一团。

璞鼎查哈哈大笑起来，抿了一口刚刚送上来的咖啡，道："命令军队，即刻抢占滩头，攻占象山！"

清军显然是慌了手脚，看到山脚下攻上来的英军，只得兵分几路，各自为战。本来清军兵就不多，如此分散则更处劣势。海龄势单力薄，寡不敌众，只好一边施放火箭守护，一边鸣金收兵，缓缓退却。

璞鼎查眼见清军开始手忙脚乱，不禁仰天大笑，让旗手打旗语命令全军进击清军滩头，并亲自呐喊，鼓舞士气，穷追狂打。酣战之中，冷不防一支冷箭"嗖"地飞来，竟直贯璞鼎查的左眼！

郭富等面色煞白，大叫一声扑了过去，却扼腕着手无计可施。两旁守护的亲兵见爵士重伤，血流满面，顿时惊呆了！

"爵士，你怎么样？"郭富、鲍埃斯见状立即喊叫了起来，倒是一旁的江长峰眼疾手快，没等众人反应过来，狠命地一使劲，立即把箭拔了出来，又简单地处理了一下，血慢慢止住了。

璞鼎查抹了一把眼角的鲜血，没有一句呻吟，倒是恶狠狠喊了一声：

"愣什么？命令军队迅速占领象山，强攻！要快，快啊！"

郭富、鲍埃斯等看得惊心动魄，他们抢前一步，又叫了声："爵士！"

璞鼎查一手扶着铁栏，额上青筋暴起老高，忍着剧烈的疼痛，苦笑了一下说："我们出征东方，为的是给女王陛王分忧担责，随时献上生命。如今只是射伤了一只眼睛，又何必大惊小怪的？"

他用颤抖的手再次抹了一把脸上的鲜血，然后"咔"的一声把箭杆撅成两截，甩进了滔滔江流之中。

象山炮台几乎完全暴露在英军之下，武忠阿带领清军奋起反抗。只是敌众我寡，全体将士为国捐躯。这真是一场空前惨烈的白刃血战。双方投入的兵力虽然不多——只有几百人，但是厮杀声，喊叫声此起彼伏，有的冲，有的堵，往来周旋。炮弹的爆炸，掀起了滔天巨浪，阵阵的喊杀声覆盖了江浪的狂涛。

海龄沉着应对，只是身中数箭，而且右肩被炮弹炸起的乱石击中，当即处于半昏迷状态。祥云见状，背起他便走。很快山下几个卫士接应，把海龄抬放到马车上，载着往城里驶去。

海龄浑身是血，仍然坚持："不能退却，不能哇……象山失守，镇江城就全部陷落了哇……"

海龄一阵焦急，一下子又晕过去了。

黑夜即将降临，象山脚下的江岸边，死一般寂静。海龄和祥云被重重围了一块巨大的岩石下面，前去救护他们的清军士兵无法靠近，他们已经陷入了英国军队的包围之中。此时醒过来的海龄看了看眼前的形势，道："难道天将要灭我海龄？"

忽地，他看到江滩上有一只火筏，立即燃起了希望，只不过竹筏搁浅，如果再不涨潮，根本无法通过江面突围，一时的希望再一次破灭了。

而此刻的祥云阴沉着脸，看着海龄，冷笑一声，拔出了一把匕首，道："副都统大人，今日你我被困于此，看来难以活命。你死在英夷手下，倒不如让我遂了愿，报了大仇！"

海龄顿时一惊，看着眼前跟着自己多日的骁骑校，觉得真是最熟悉的陌生人，如此亲切又如此可怕。海龄不解，忙问："祥云，这，这，这到底怎么回事？你要报什么仇？"

祥云厉声道："大人还记得李文成吗？他是在下在义兄……"

海龄想起来了，嘉庆十八年（1813 年）八月，李文成领导天理教在河南滑县发动起义，建立了政权，随后直隶长垣、东明，山东曹县、定陶、菏泽、金乡等地纷起响应，一时间渐成气候。九月，海龄随同直隶总督温承惠前往河南镇压李文成，因"屡著战功"，此后擢升都司、游击、参将、副将、总兵，开始了他的官宦生涯，只不过他并不知晓，眼前跟随自己多日的下属，竟然是被自己亲手斩杀的李文成之义弟。

祥云冷笑道："大人可知，我的家园在育婴洲如何被洪水冲垮，家人如何在天灾中惨死，一个孩子怎么生活？要不是有李大哥教育培养，哪有今天的我……"

海龄呵呵一笑，仿佛明白了一切，道："李文成逆天行道，你认贼作兄，实属愚昧。"

想了一下，海龄似有所悟，又道："甘露寺刺杀案定也是你所为；在圌山的楞严寺的那晚，你并非练功走火入魔才拔刀相向，而是你想报仇……"

祥云道："不错。甘露寺行刺，要不是你属下陈忠忠心护主，别说你，就连那知府也不会活到今日。那日楞严寺内，你提前发现我之异样，致使我无法动手。这些日子以来若不是英夷来犯，你率兵奋力抵抗，我也早已经砍下你的人头，祭奠吾兄。此番象山兵败，罪不在你，只是我们再无生还之可能了。若是英夷要砍下你的头，我定当先行。"

海龄闭着双眼，仰天长叹："天要亡我，要亡镇江，也罢，也罢。"

祥云手握匕首，刺入海龄胸膛，但是没有太用力。海龄疼得大喊一声。祥云快速将刀拔了出来，自己确实下不了狠心。他想起海龄尽心尽力地守卫镇江，对自己关怀备至，对属下的爱护真情流露，那绝不是造作的虚假。

他又想起了那一日北门遇袭，海龄看到百姓可能成为清军的箭下亡魂，立即大叫："使不得，莫错杀了好人！"完全不顾他自身危险。城头本来只需不断放箭，射死一些百姓，英军便无法攻上，而他身遭危难，全是为了不肯错杀好人而起。这些百姓与他素不相识，绝无渊源，他尚且舍命相救，又何以要害死义兄呢？

义兄李文成是个顶天立地的汉子，为民请命，为百姓谋福，却被海龄等人围剿，兵败江宁牛首山，最后被俘杀害。其实究其原因，他们并无深仇大恨，只是各自立场不同而已。

海龄捂着伤口，道："老夫死不足惜，只是可怜了那些镇江城的百姓。镇江城破，有多少人成了孤儿寡妇，有多少人成为英夷的奴隶，又有多少人丧命……"

这番话中充满了悲天悯人之情，不禁让祥云放下了手中的匕首。海龄尽心尽力防卫镇江，让百姓免于惨遭屠戮，要是他被杀了，镇江城，还有这座城里的百姓，后果又如何呢？

祥云想到，自己当年父母双亡，无依无靠，生活苦不堪言。若是镇江城破，就会有更多的孩子像当年的自己一样。

想到此处，祥云幽幽而言："大人悲悯情怀，小人佩服，我且不杀你，如果你不能够守住镇江，再砍你脑袋也不迟。"于是立即撕下衣服一角，帮海龄包扎伤口。

海龄道："镇江城破，老夫自不会独活，我誓必与镇江共存亡。"

江水拍打着岸边，他们看到搁浅在江岸上的竹筏，烦躁不已。如果今夜江堤这边不涨潮，竹筏就无法下水，到了明天早上，他们被英夷发现，只有死路一条。可是，这里或许已经许多年不涨潮了，谁敢保证今夜能涨潮呢？

天黑了。四周一片寂静，只有扬子江中那千百年不息的海浪发出有节奏的"哗哗"声，仿佛在预示着，这是一个不寻常的，也是一个不吉祥的夜晚。

海龄看看身边除了祥云，已经没有一个卫兵活着。下边墨黑的大江无边无际，粼粼水光之中只能隐隐约约看见一具具尸体在江水里沉浮。

海龄放眼四顾，对面不远处就是英夷的舰队。他们早已经攻占了象山，正在山顶开着香槟酒疯狂地庆祝。镇江城他们是志在必得。海龄沉思了一会儿，对祥云说："看来此处就是我们归天之地，如果你想动手，此刻便可以……"

祥云道："大人的命在我手上，暂时我不会向你索命。若今夜这潮水能涨上来，我们还有一线生机。"

海龄叹一口气，道："只怕今夜没这么巧能够涨潮啊。"

尽管希望不大，但是他们还是企盼着。等第二天天刚蒙蒙亮时，江水竟然起潮了，而且这潮水是在迷蒙的大雾中涨起来的。一丈多高的潮水澎湃着，轰鸣着，发出千军万马的奔腾呼啸之声，撼山动地地由远及近冲了过来。头一排潮浪，便打得那搁浅的竹筏剧烈地晃动起来。

祥云心头一惊，大雾已经使他庆幸了，又来了潮水。只见一个潮头打过来，将竹筏托起老高，已能离开沙滩，在江中自由自在地打旋儿了。他立即背着海龄，上了竹筏，然后念念有词："天子洪福，祖宗保佑！江神如此庇佑，镇江城自当也不会有难了。"

海龄惊叹一声，道："如果镇江城不破，我也定当奏请皇上，为江神加封，重修庙宇，再塑金身！"又转向祥云："到那时，倘若你要老夫之命，老夫绝无二话。"

祥云一边划着竹筏，一边说道："大人，先别说了，回去要紧。"

第十一章　运河奇袭

海龄由祥云搀扶着，乘坐竹筏顺江东下，从运河绕道，返回了镇江城内。他们只知道象山炮台被英夷占领，却不知在运河这一端，也刚刚经历过一场生死较量。

那是英国全权公使璞鼎查率军进攻象山之时，和郭富、鲍埃斯以及汉奸江长峰等闲聊，得知上次进攻是因为清军的火筏攻击才使得英军退败，他严下命令："长江出入船只，不准通行，如果不遵，开炮击之……"

于是，璞鼎查在战舰上命令布朗底号、摩士底号以及伯劳西号等英国船舰，严密封锁长江镇江段上游和运河南北两段的主要进出口，短短一天时间，便扣留商船达两百多条。

镇江自古便是交通枢纽，尤其身处长江与京杭大运河交界之处，地理位置尤其重要。漕运直接带来了运河沿岸城市的繁荣。而今英国人把长江和运河封锁，也切断了镇江城的经济命脉。

此事引起了镇江知府祥麟的注意，只是因为前一天两江总督已经回宁，海龄由于象山之战不知所踪，故无法找人商量。而此刻浙江参赞大臣齐慎不请自来，倒是让祥麟颇为安慰。

祥麟道："老将军来此，镇江城有救啦！"

齐慎哈哈大笑："知府大人过奖了，老夫只是尽做臣子的本分，不负皇恩，不负百姓，自当竭尽全力，以保镇江之城不失。"

祥麟问："将军可知长江、运河皆被英夷所封？我镇江百姓之钱粮稻米，都是通过漕运而来，英夷做如此之事，乃断我百姓生计啊！"

齐慎捋捋胡须，很有信心地道："此事并非大事，待我带兵袭击运河之英夷，定能重新夺回漕运主动权。只不过……"

祥麟忙问："老将军有何吩咐，在下自当去办！"

齐慎想了一下，脸色阴沉，问道："据说前一日，我义子被你们县衙所抓，如今战事紧急，又是用人之际，不知知府大人可否网开一面而放之？"

齐慎此话一说，弄得祥麟一头雾水，他转身看看身边的常镇道周顼，丹徒知县钱燕桂等，问他们："你们可知，有谁抓了将军之义子？"

周顼、钱燕桂等面面相觑，皆道："下官不知，请大人明示！"

祥麟更是奇怪："将军义子，所谓何人，到底因何被抓，现如今是否在镇江城内？"

齐慎哼了一声，道："自然在镇江城内。义子穆之瑞虽然鲁莽，闯点小祸，尚可原谅吧？何故要上报刑部，还要待审核秋后处决？"

说到穆之瑞，在场的其他人不知，唯有钱燕桂顿时明白了一切。那天海龄为朱氏父女伸张正义，哪知道罪犯竟是参赞大臣的义子。钱燕桂听闻至此，连忙上前，作揖道："大人，此事小的知道。"

祥麟问："哦？你快说，到底是怎么回事？"

钱燕桂道："穆之瑞本是镇江城南门城防协统，前日被一对朱氏父女所告，说他趁着防卫城门之机，欺压百姓，夺取难民之物，更是看中稍有姿色的女子就公开调戏……"

齐慎"哼"了一声，道："就算此事是真的，也总不能把他关进监狱，等候处决吧？"

钱燕桂继续道："大人，不仅如此，朱氏父女所告穆之瑞见女子调戏不成，趁着夜色，在玉皇庙把她强行侮辱了。女子羞愤万分，当夜便投井自尽了，后来，后来……"

祥麟听到此处，脑门上汗水直流，倒不是这起强奸案的发生，导致苦主自尽，而是制造这起案件的凶手，竟然是千里迢迢赶来驻防镇江城的参赞大臣义子。他不禁掏出了手绢，哆哆嗦嗦地擦了几下，然后问："那现在凶手在何处？"

钱燕桂道："凶手被指认后，他自己也认罪了，只是正值战事之时，还没有来得及上报刑部，他一直羁押在丹徒县衙的大牢里呢。"

祥麟听后暗暗松了一口气，只要不是羁押在副都统府大牢，那就好。于是大手一挥，道："快带路，我们去大牢瞧瞧……"

钱燕桂立即应道："遵命！"

丹徒县衙的地牢位于县衙的后院，这牢房的地面比外面的地面低矮得多，甚至比那护城河的河床还要低，因而非常潮湿。只通过一两个小小的窗孔可以透光，窗孔是开在高高的、囚人举起手来也够不到的地方。从那窗孔里透进来的一点天光，非常微弱，即使在中午时分，也是似有若无，还不到晚间，这里早就漆黑一片了。

跟着钱燕桂进了大牢，见过生死无数的齐慎满不在乎，显得十分淡定，倒是文官祥麟一直惧怕生死，惊得寒毛竖立，他看到用以锁住犯人防止他们越狱的镣铐和链索挂在大牢的墙上，便不禁头冒冷汗，直问："人呢，人在哪里？"

再往深处走愈发昏暗。走到最里面那间牢房的时候，齐慎见里面一个蓬头垢面的年轻汉子，背对着墙坐着，黑乎乎的手里拿着什么东西，直往嘴里塞，狼吞虎咽地吃着，立即心酸不已，喊道："之瑞……"

　　这间正是关押穆之瑞的牢房，味道十分古怪，正是雨后的潮湿加上已经干涸的血的味道。整个牢房十分昏暗，只有两边几盏油灯闪着微弱的光。这里常年不见天日，连空气都是浑浊的。一个正常人待一会儿就受不了。关在这里的人，可能一辈子也出不去了。这里不光是潮湿和血的味道，还弥漫着一股死亡的气息。

　　穆之瑞看到有人来见他，心里已经是一喜，当他睁开眼睛，看到竟然是自己义父的时候，立即悲喜交加，忽地哭开了，喊道："义父，义父……"

　　祥麟来立即命令："快，快，赶紧打开牢门！"

　　牢门打开后，穆之瑞立即上前跪倒，哭道："义父，义父啊，孩儿，孩儿是被冤枉的，孩儿想死你啦！"

　　齐慎赶忙上前扶穆之瑞，怎奈他在地牢待了几天，双腿已经无力，瘫坐在地上不能起身。齐慎立即喝道："拿张凳子过来！"

　　等穆之瑞坐下，齐慎问道："到底是怎么回事，之瑞，你一五一十地快快给为父说来听！"

　　听到问及自己的遭遇，穆之瑞顿时又大哭不已，他从凳子上挪下去跪着紧紧抱住齐慎的腿，道："义父，义父啊，孩儿冤枉啊，真的是被冤枉的。"紧接着他添油加醋地讲述了自己如何被朱氏父女冤枉强奸，又如何被人设计进入圈套，最终不明不白地进了这县衙大牢。等穆之瑞断断续续说完，他的衣衫已被眼泪打湿，直惹得齐慎连连安慰："不哭，不哭，有为父为你做主……"

　　齐慎听罢，见祥麟、钱燕桂等人不言语，便道："两位大人，此案虽由副都统大人亲自监审，但是鉴于案件复杂，颇有悬疑，定罪尚属牵强，各位难道看不出来吗？"见几位大人面面相觑，不知所谓，于是继续说道："朱氏父女到底是何人，为何会出现在镇江城，出现这样的事，你们不觉得可疑吗？此其一。其二，这对父女通过轻功检验，我儿碰巧遇到，倘若遇不到，再有人轻功超然，那人岂不也是凶手？再者，那什么笑声，摸鼻子之习惯动作，极可能只是巧合而已，也尚且构不成犯罪之证据……"

说到这里，穆之瑞又是一阵大哭："是啊，义父为孩儿做主，孩儿的确是冤枉的……"

祥麟见齐慎刚要发怒，立即下了命令："赶紧缉拿朱氏父女归案，彻底查清此事。"

钱燕桂立即应承："遵命！"

由于此案未结，穆之瑞尚不能释放，只得先行妥善安置在丹徒县衙府内，等案件完结后再行释放。齐慎扔下一句"好生照顾"后，怒气冲冲地走了。钱燕桂苦着脸对祥麟说："大人，要找那朱氏父女，无异于大海捞针，无处可找呀！"

祥麟环顾四周，禀退左右后，才道："你可知这齐慎和穆之瑞是何关系？"

钱燕桂道："不就是义父义子吗？"

祥麟摇摇头，道："据了解，嘉庆十八年，滑县木匠李文成聚众为匪患，这位把总当时随参赞大臣杨芳前往镇压，他们在道口、卫河等地交锋十三仗，他多处负伤，差一点阵亡。后来多亏了一个小孩，救了昏迷的他，之后他便把这个孩子收为义子。"

钱燕桂听了大惊："啊呀，原来这穆之瑞救过齐大人。"

祥麟道："确实。再加上这位参赞大臣并无儿女，就把这个穆之瑞当作自己的亲生儿子了，你说我们要穆之瑞的命，齐大人是不是会要我们的命？我们镇江城虽说有副都统把控，但是没有参赞大臣和湖北提督的援军，这里能守多久，谁有把握？"

钱燕桂点点头，道："属下明白了，这就去办。"

当齐慎听到汇报，已经找到了朱氏父女，即日就能释放穆之瑞，他正在出战英国人的路上。齐慎的一千多兵马到达京杭大运河时，已近黄昏。从镇江城到大运河不远，本来也就两个时辰左右，加上他们快马前行，士兵路上也没有耽搁，只用了一个多时辰便到了。封锁大运河的英国人万万没有想到，刚刚攻下象山炮台，还没有来得及分享胜利的喜悦，已经和这支参赞大臣所率的清兵相遇，更没有料到他们来得如此神速。齐慎所领的这支部队十多年来和李文成等农民军多次作战，战斗经验丰富，战斗力颇强，士兵们跟着他出生入死，南征北战，更是一支精锐之师。

部队刚过僧伽塔，齐慎先派了几十个人穿着难民衣服，等接近了英国人的船只，大家一拥而上。驻在英舰上的官兵还在吃着东西，他们措手不及，一部分惊慌逃窜，一部分死守英国船只。见双方各有损伤，齐慎下令不许恋战，急速穿运河而过，停止偷袭，殿后的部队放火烧毁了一些英军军粮。

再过了一段，清军继续前行，看到并无英兵追来，这才在一片树林里停下，把马喂饱，将士们也躺在松针上和草地上好生休息。许多人一躺下去或者一靠着树身坐下去就睡熟了。有人把干粮吃了一口，来不及完全咽下去，张着嘴，打起鼾来。

几个时辰后，齐慎再次下令偷袭。不过刚走到运河口的时候，忽然发现山口的小街上有英军，并和他们开火交战。幸而上弦月已经落去，夜色很浓，只有少数士兵受点轻伤。

齐慎得到禀报，立刻带着亲兵奔到前边，要弄清到底是怎么回事。尽管没有月光，敌对双方也都没有火把，看不见对方的人影，但有经验的齐慎单凭敌阵上的说话声也猜到了敌人仅把守的至少有两百人，后边还有多少人就不好判断了。他让士兵连着大声问了几遍，敌阵上才有人回答："你们是什么人的军队，劝你们快快投降，大英帝国的军队可不是吃素的。火枪、火炮可以让你们尝个遍！"

说话的明显是一位中国人，但是着实当了汉奸，齐慎恼羞成怒，立即拔出随身带着的火枪，扣动扳机，不偏不倚，那位汉奸正好被击中，当场身亡。

英兵见有人中枪而亡，立即响了一阵呐喊声，同时放了几炮。

齐慎赶快勒马退回，退到火炮的射程之外，他吩咐手下，留下小队人马对峙诱敌，大部分士兵从左右侧翼，迂回包抄，到时候三路人马同时进攻，誓将英夷全部围剿。

属下领命而去，齐慎再把一部分将校和精锐士兵组织成一队，由他亲自率领，等五更判明情况后，带头向英军冲杀，有进无退。这些士兵都抱着战死沙场的信念，向敌人进攻，他们纷纷在心里向自己的亲人诀别。大家拼死前进着，喊杀声、嘶鸣声响成一片。很快，从远处传过来第一声鸡啼……

这场生死较量，清军虽然阵亡一百多人，但是士气高昂，气势如虹，全军上下信心满满。而英军虽然只有三十多人伤亡，但是已经被吓破了胆，只得跑上了船，灰溜溜地开到长江江面和大部队会合，再也不敢进犯大运河。

齐慎领着部队返回镇江城的时候，也正是海龄拖着受伤的身体，返回的时候。海龄回到副都统衙门，立即让属下锁住了祥云，而后听说齐慎要替义子翻案之事，而祥麟、钱燕桂都在丹徒之时，又马不停蹄赶了过去。

海龄看到找到的所谓朱氏父女时，怒气冲冲地道："这就是朱氏父女吗？钱大人，你当时在场，这就是上次那两位证人吗？"

钱燕桂尴尬无比，只得打起了哈哈，说道："啊，是吗，感觉就是他们呀。"

海龄怒道："民为国家之根本，百姓有灾有难，我们岂能坐视不理？我等食君之禄担君之忧，那女子投井自杀，尸骨未寒，你们怎么把凶手放了？"

祥麟立即上前打圆场："副都统大人，你有所不知。这嫌犯穆之瑞是参赞大臣齐慎之义子，他还对这参赞大臣有过救命之恩，我们如何能够抓得了，更不可砍了他。倘若想力保镇江不失，参赞大臣不可得罪呀！"

海龄怒不可遏："齐慎力保镇江，若是无私老夫举手欢迎；倘若带有私心，这样的协防不要也罢！"

"我倒要问问，老夫是如何带有私心的！"

门外忽然传来参赞大臣齐慎的声音。

齐慎刚从大运河回来，到了丹徒县衙想看看义子案件的进展情况，于是迈进衙府大门后，一路走着，一路沉思，转过假山水池，远远听到后面水榭房暖阁里的讨论声，好不热闹，不由皱了皱眉，加快脚步走了过来，见祥麟、钱燕桂应对着从象山回来的海龄，不由得放慢脚步。当他听闻议论的话题与自己和义子有关，他不由得怒火中烧，又道："外面战事凶险，诸位倒有心情进行口舌之争？"

海龄道："三企兄，此事非小事，奸淫妇女为大清律例所列之重罪，杀头自不在话下……"

海龄说了一半，突然想到此事关系眼前之人，便口气稍微松软了下来："此事也非三企兄所为，何必过多干预……"

齐慎毫不退让："穆之瑞乃我义子，曾经和我同甘共苦，生死相依，怎么不关我事？他若是做了这禽兽之事也就罢了，若是没有，冤枉了好人，又岂是大清律例所能容？"

海龄不甘示弱："证据确凿，还有何非议？"

齐慎说出了自己的疑虑，又拿出了钱燕桂找来朱氏父女这样的证据，道："此事钱知县尚且可以翻案，你为何不可？据我所知，大人在象山炮台指挥不力，死伤无数啊。自己也是由手下骁骑校力保安全归来……"

齐慎突然转移话题，戳了海龄的痛处，象山炮台的战火历历在目，祥云对自己的刺杀更是让他灰心无比，他一声不吭，扶着椅子颓然坐下，无论身体和精神，他今天都大受打击。

祥麟忙上前劝道："象山之事也不怪副都统，事情总算已经过去，大人何必为此过于烦恼呢？"

海龄看了一眼祥麟，不冷不热地说："大人所言差矣，事情并非已经过去。象山炮台失守，罪责在我。只是现在镇江城防任务加倍，不想此时分心。镇江保卫战过后，我自当为此事负责。倘若上奏圣上，要杀要剐，我全都认了。"

齐慎趁热打铁，道："老夫日夜奔袭，苦战一天一夜，终把英夷赶出了京杭运河，镇江漕运暂时畅通，老夫也是身中两枪啊！"

他把衣服猛地掀开，露出肉身，正色道："老夫为国为民，鞠躬尽瘁，死而后已。倘若家人不可保全，我有何面目立于世间？我不会让任何人动我这无辜的孩儿……"

这个时候，在隔壁房间软禁的穆之瑞听到了声音，立即叫了起来："爹，爹，孩儿在此。孩儿一刻也不想留在这里，孩儿是冤枉的，一刻也不想留在这里……"

齐慎指着隔壁，道："你们听听，听听，他那冤枉的语气，毫不含糊。不管怎样，今天我一定要把人带走，带到我的军营。"

齐慎带着一千多清兵，从浙江千里迢迢赶往江苏镇江，见京口兵单城险，于是便驻军西城门外，想与城内守军互成掎角，形成夹攻之势。后来又奔袭运河的英军，一直没有进城，此刻齐慎说要把穆之瑞带去军营，明显是想让他义子逃过制裁。海龄自然不肯："嫌犯就算想翻案，又何须逃出牢狱，三企兄想公然将其带走，还要三思。"

齐慎大笑一声，道："老夫血战沙场三十多年，什么场面没有见过，带走一人，又有何难？"

于是，他立即大叫一声："来人！"

很快，来了四个清军侍卫，齐声道："在！"

齐慎再道："请少爷出门！"

海龄见齐慎真要带人走，于是"刷"的一声，从随身带着的佩剑剑鞘里，拔出了龙泉宝剑，一下子挥舞到齐慎的肩头："齐大人，倘若要带走人，还得问问它！"

这柄龙泉宝剑跟随海龄多年，从山海关驻防骁骑校，直隶张家口协守备，再擢升到都司、游击、参将、副将、总兵，再授西安右翼副都统，调任江宁副都统等，此剑对准的都是敌人，而今天把宝剑架在了自己人的脖子上，不仅让齐慎、祥麟等人惊讶，而连海龄自己也在心底追问，这到底是为什么？

或许是为了一种大义，海龄想。齐慎如此目无王法，自己必定生死一搏。

千钧一发之际，祥麟、钱燕桂等急得满头大汗，还是常镇道周顼机敏，连忙说道："这柄莫不是副都统的龙泉宝剑，据说是有来历的。"见众人没有答话，他继续说道："传说这把宝剑是由春秋战国的越国人欧冶子大剑师所铸。欧冶子为铸此剑，凿开茨山，放出山中溪水，引至铸剑炉旁成北斗七星环列的七个池中，是名'七星'。剑成之后，俯视剑身，如同登高山而下望深渊，缥缈而深邃仿佛有巨龙盘卧，是名'龙渊'。故此剑名曰'七星龙渊'，简称龙渊剑。唐朝时因避高祖李渊讳，便把'渊'字改成'泉'字，曰'七星龙泉'，便又称龙泉剑。"

还是无人答话，周顼继续说道："副都统的剑据说为绞杀李文成之役，在敌军中所得，不知是否如此？而且听说，大人还想把这柄剑赠送给拱卫镇江之将军，莫不是要送给齐慎将军？"

话音至此，海龄明白了周顼的意思，他立即手腕回旋，挥舞剑柄，将龙泉宝剑收至手中，然后递到了齐慎面前："正是。三企兄远道而来，为镇江之战劳心劳力，老夫唯有赠予此剑，希望体谅我一片赤诚之心。"

齐慎见此时，经过周顼的斡旋，海龄说话已经有了回旋的余地，但是带走义子估计是不可能的。而且自己仅带了十多个侍卫，大部分的军队还在城外。再者，自己和镇江官兵都是朝中同僚，一致对外才是当务之急，如今战事凶险，没必要一下子弄得一拍两散。于是，他慢慢接过龙泉宝剑，道："果然是好剑！"

　　海龄呵呵一笑，道："据说当年汉高祖刘邦也曾经得到一柄龙泉剑，而且得到一首诗，名曰'斩妖避邪杀贪官，除暴安良万民欢。有朝一日登龙位，要靠三尺龙泉剑'。"

　　"斩妖避邪杀贪官，除暴安良万民欢……"齐慎默默地念着，又接过了海龄递上来的剑鞘，猛地将剑插进去。他拱手道："多谢了，告辞！"

第十二章　宗泽墓前

如今是道光二十二年的七月二十日，在镇江城外，刚刚结束了一次战役，而新的一次大战又要开始了。

尽管英国人遭受了齐慎的突然袭击，不仅战船被击，人员还有伤亡，但是英军最高统帅璞鼎查并没有在意。他对镇江城志在必得，没有在乎一时的得与失。他拿出了地图，召开了几次紧急的军事会议，制定了详细的攻城计划。

璞鼎查命令四个旅的兵力分担攻城作战任务。

首先是由蒙哥马利陆军中校率领的马德拉斯炮兵，军官士兵共计六百余人；第一旅由陆军少将萨勒顿指挥，共计两千二百余人；第二旅由第五十五团叔得少将指挥，共计一千八百余人；第三旅由第四十九团巴特雷陆军少将指挥，共计两千一百余人……

此外，还由总司令部郭富等指挥官、副官以及幕僚，组成了攻城的参谋团……

他们气势汹汹，兵临镇江。

璞鼎查鼓舞激励着大家："此次攻城，正是大家为女王陛下尽忠的机会，只许前进，不许后退，违令者，军法处置！"

大家异口同声道："愿为女王陛下尽忠！"

璞鼎查扫视了一下，又问："刚才我把部队分成了几个部分，诸位看看，还有什么问题？到底该谁打头阵，我们又如何进攻？"

郭富看了下地图，道："爵士，依我所见，这镇江城或许就是一个孤城，我们一拥而上，即日便可攻破，难道还需要制定什么其他的方案吗？"

汉奸江长峰道："不可，镇江城几座城门，分布的兵力多少不一，就算兵力一样，战斗力也有差异。因此，方案肯定要制定，先攻哪里，后攻哪里，必须有个说道。"

璞鼎查斜着眼睛，问："这个，这个，是谁？"

郭富忙解释道："他叫江长峰，已经为我国的友人，自是一心一意为我们大英帝国效力的。"

江长峰谄媚地笑道："是啊，是啊，愿为大英帝国女王尽忠，为女王效力！"

璞鼎查一边点头，一边又问："那你说说，这镇江各大门的兵力布置如何，怎样攻城才最有效果？"

江长峰看了下，指着地图，道："镇江的北城面临长江，又有北固山为屏障，自然他们防守最为严密。爵士，我们不妨在北固山下登陆，然后佯装进攻北门。如果进攻得手，即可转佯攻为实际进攻。而倘若不得手也无妨，因为我们还可以在佯装进攻北门的同时，派出两路军，从金山对面登陆，一路攻打外援的齐慎军队，一路直接进攻西门……"

鲍埃斯一边看着，一边点头："不错，如此甚好……"

旁边几个将领，诸如叔得少将、萨勒顿少将都十分不满，他们从广州的珠江口一直打到了长江内陆，作战经验丰富，当听说一个小小的镇江城还需要佯攻和正式攻击时，十分不屑。

叔得说道："定海、镇海，就算吴淞口都是我们囊中之物，我们还怕这小小的镇江城？"

一旁的萨勒顿甚至叫嚣："打下镇江城，明天早晨，我们就在知府衙门口吃镇江锅盖面……"

"住口！"璞鼎查怒道，"就算你们有意见，也得让江先生把话说完再说！"

江长峰得意地一笑，道："我之前到过镇江城多次，尤其是北门这边，是由一个叫噶喇的清朝军官指挥的，战斗力特别强……"

璞鼎查道："作战如此强悍，我方应力求减少人员伤亡呐。"

江长峰道："伤亡不可避免。此刻兵临城下，清朝的官兵或许会开城投降的。"

璞鼎查点头道："但愿如此。"

然后他把头转向了几个军官，问道："你们谁愿意打北门，又有谁愿意打西门？"见无人应答，于是他自行命令："佯攻北门，就由叔得少将负责；由少将萨勒顿和巴特雷分别率第一、第三旅，加上部分炮兵，从金山对岸登陆。一路消灭城外清军，切断其与城内军队的联系；另外一路直接进攻西门。都听明白了吗？"

众军官异口同声，道："是的，谨遵爵士命令！"

璞鼎查又继续宣布："明日清晨六点，准时进攻！"

"是！"

璞鼎查安排好一切，心里思忖道，镇江城啊镇江城，今夜注定是不平凡的一夜！

确实，这是不平凡的一夜。当英国人架着火枪大炮、气势汹汹地兵临城下，海龄已经没有了一丝惊慌，反而显得特别淡然。他不停地看着镇江城防图，也马不停蹄地巡防各个城门。当属下来禀报："大人，总督大人回江宁了。"他这才有些恍然，现在自己几乎是独自前行。

海龄同时也感觉大吃一惊，按照惯例，一般两江总督这样的官员在地方巡查，地方官员都必须热烈迎接，全程接待，精心照顾，想到那天在西津渡口迎接的热烈场景，怎么他走的时候连招呼都不打一声呢？

是战争，是一场攻城的战争呐！海龄心里呐喊道，重重地叹了一口气。

而当属下告知，知府祥麟、常镇道周顼等镇江当地官员正在收拾细软，准备从南门外逃之时，海龄勃然大怒，立即吩咐道："马上关闭城门，不得让他们出城。"

牛鉴是甘肃凉州人，说他与江南或者镇江有关，也不过是因为他做了一个两江总督的官职，分管镇江。但要说他与镇江有多深的情愫，其实并没有，所以他走了或许情有可原。而祥麟、周顼等官员，都是土生土长的镇江人，即便不为别人，自己的祖上全部在此，也不该抛离家业，弃城而逃。再者，守卫镇江城到了最为关键的时刻，连知府都逃走了，谁还能带领军士守城，又让百姓如何信服？

人终究还是走了，等海龄策马飞奔到镇江南门之时，守门的将领如实向他汇报："大人，半个时辰之前，知府、常镇道等大人乘坐马车离开了，他们说有要事要办……"

海龄挥了挥手，道："知道了，下去吧！"他明白，他与齐慎不和，祥麟、周顼等人又都走了，此刻他便是一个人在镇江城战斗。

海龄最后一次召开了城内军事将领会议，在北门营帐的主帅营里，他对守卫北门的噶喇和守卫西门的马应山道："力保此二门不失，镇江城才可不失；如果，如果不幸……那镇江城也就，也就……"

他没有再说下去，但是与会的将领都领会了海龄的意思，噶喇、马应山立即应承道："是，谨遵大人之令，末将绝不负众望。"

布置好布防任务，海龄心情烦闷，走出了营房大门。眼前是一片一片农田，有些地里种着麦子、豌豆和油菜，长得很不好，有些地已经荒了。这时晨光熹微，鸟雀成群地在树上嘁嘁叫着，还没有向旷野飞去。村中这里那里，不时传来战马的嘶鸣。

北门营房的清兵开始出晚操了，有的已经到了校场，有的正在站队，有的正在从院里出来。大家看见副都统大人亲自出来观操，都感到特别兴奋。不一会儿，各个练兵场上都开始操演起来。海龄看了一阵，十分满意，随即将指挥操练的几个将领叫到面前，鼓励了几句，就拨转马头，打算到城外齐慎、刘允孝驻扎的地方看看。

海龄刚走了不远，参将李澄骑着马，带着一队清兵追了上来。海龄停住马问他："你们不好好驻守南门，跑到这边来作甚？"

李澄作揖道："大人，有人要见你！"

海龄有些疑惑，问："哦？是何人想见老夫？莫不是有人有破敌之策？"

李澄摇摇头，道："有无破敌之策我不知道，但是他是大人之故友，或许能给大人些启发。"

有故人来访，海龄喜不自禁，连忙说道："好，快带我去见！"他想不到是谁，还想再问，李澄已经骑马远去。

往前走不远，有一道小河横在面前。小河只有一股浅流，水清见底，曲曲折折，静悄悄地缓流。

小河对岸三四里外是浅山，好似细浪起伏，线条柔和，重重叠叠，连接远处的高山。几天前下过小雨，近处的浅山上新添了更浓的绿意。较近的山顶上有几朵白云，随着似有若无的清新晨风，慢慢地向西飘游。有的白云在晨曦中略带红色，有的呈鱼鳞形状，有的薄得像一缕轻纱。

小河的这边岸上，栽着几棵垂柳，嫩叶翠绿，最嫩处仍带鹅黄；长条在轻轻摇曳，垂向水面。靠岸有几丛小竹，十分茂盛。竹柳之间，竟有两棵桃树，不知当年何人所栽，而今在这里增添了诗情画意。有的枝上的桃花正在开放，有的已经凋谢。落下的花瓣，有的落在岸边的青草上，有的落在水里，飘向远处。

　　这些天，海龄日夜在城中忙碌，接见这个将领，接见那个将领，不是议事，就是听禀报，难得此刻这么悠闲。

　　李澄笑道："大人，感觉此地山水可好？"

　　海龄道："甚是，难得有悠闲之心，赏如此山水。"一会儿，他又问："李参将，你可知这山是什么山？"

　　李澄挠挠头，道："大人这可问倒我了，我不是镇江本地人，如何能够知晓？"

　　海龄道："此山名为京岘山，相传与秦始皇有关。"

　　李澄很好奇，道："圌山与秦始皇有关，这里也与他有关啊？"

　　海龄道："周朝时有一风水先生登上了这座京岘山，看到这里云雾缭绕，紫气升腾，就断定这一带要出王侯将相。到了秦始皇当政的第三十七个年头，最终灭六国，统一全中国。为保其一统江山万古千秋，秦始皇传旨，急驱三千多名赭衣囚徒，星夜赶往此山，名为修筑驰道，实是砍毁古树名木，劈山削岭，断其'龙脉'，败其'风水'，并煞费苦心地将谷阳更名为'丹徒'，顾名思义，即赤衣囚徒之地。"

　　李澄道："原来如此。"

　　海龄继续说道："历史上还有两位名人与此山有关。"见李澄茫然，他想了想，又道："你不是说有故人来见我吗，我们赶紧去见人吧。"他一边说着，一边想着，到底何人，为何要相约在此山见面？

　　山上，悬崖陡峭，风景秀丽。忽而一阵雁声从空中传来，海龄抬头一看，只见一群大雁，排着人字形的阵势，徐徐飞过天空，边飞边叫。海龄很想射下一只，可惜大雁飞得太高了。而在雁阵之下，赫然站着一位鹤发童颜的老者，他一身麻布衣服，平民模样装扮。海龄仔细一看，正是江苏巡抚梁章钜。

　　海龄立即上前跪拜，道："小的不知道巡抚大人驾到，有失远迎，失礼失礼！"

　　梁章钜微微一笑，扶起海龄，道："大人有心了。老夫现今已不是巡抚大人了，也没有必要如此多礼！"

海龄大吃一惊："怎么回事？"

梁章钜捋捋胡须，道："不谈也罢。总督大人御敌之心全无，我等无可奈何啊。"

海龄道："那皇上呢，皇上自然有守城之心啊。镇江虽不在天子脚下，却也是黄土之滨啊，大人……"

梁章钜重重叹了口气，摇摇手："事已至此，不必再说了。'大人'这二字，以后也不可提了，我此番辞官而去，也算归隐田园了。"

海龄潸然泪下，道："那我就称您为莅邻兄。"

梁章钜呵呵一笑："老夫乃福州人，此番南下，也是想返回福建浦城，退到庵舍。所以，老夫自称为退庵。"

海龄百感交集，镇江城危在旦夕，两江总督、镇江知府等人全部离开，而如今梁章钜也要离开回乡，海龄顿时感觉到一阵孤单，大喊一声："退庵兄……"

梁章钜安抚了一会儿海龄，问道："镇江城防现在是怎样的情形？能否抵御住英夷进攻？"

海龄大致说了下镇江各个城门的兵力布置以及防御方案，然后请教梁章钜："退庵兄，镇江城防，您还有何良策？"

梁章钜道："事已如此，敌众我寡，要看大人是否有决心抗敌了。"

海龄十分坚决地说道："誓死保卫镇江城，哪怕战死，也绝不会让英夷前进半步。"

"好！"梁章钜拍手说道，"你让我看到了当年宗泽将军的影子。"

海龄当时爬山之时，和李澄说与京岘山有关的两位历史人物，一位是明末清初的郑成功。郑成功，福建南安人，为抗清复明，三度北伐，于清顺治十六年（1659 年）组成北伐"海师"，屯军在焦山江面，砍断由铁链组成的"滚江龙"，焚烧可以走马安炮的"木浮营"，摧毁了清军的江防。"铁人军"打下了银山门，攻克了镇江，并驻守三十五天，后因为兵败金陵，才被迫撤离镇江，其时已是秋天。郑成功在镇江等待从南京败下来的将士，怀着北伐失利的惆怅，前来京岘山拜谒宗泽墓。郑成功拜谒京岘山后，即率军撤离镇江到厦门整军重组，后来与清军作战打了不少的胜仗，虽然没有扭转历史乾坤，但最终赶走了荷兰人，收复了台湾，成为伟大的民族英雄。

当然另外一位，便是梁章钜口中所说的宗泽将军。宋代名将宗泽是浙江义乌人，他于北宋宣和元年被罢职，闲居京口四年。空闲时他常到东郊游览，欣赏京口壮丽山川，尤其喜爱京岘山的景色。他的夫人陈氏不幸病逝，宗泽把她安葬在京岘山陈家湾。宗泽死后，其子宗颖、部将岳飞遂遵照遗嘱，将其灵柩千里迢迢护送到京岘山与夫人陈氏合葬，埋在青山绿水中，与奔腾的长江应和。

海龄和梁章钜此刻便站在宗泽和其夫人合葬墓前，一起拜谒。

宗泽墓前为一片空旷开阔地，环境清雅，墓前竖石碑，上刻"宋宗忠简公讳泽之墓"。墓道前有牌坊一座，正面刻着"大宋濒危撑一柱，英雄垂死尚三呼"，这正是对宗泽一生的概括。墓地周围冈峦环抱，绿树成荫，苍翠欲滴，庄重肃穆。

梁章钜对着宗泽墓作了揖，然后道："'一对龙湖青眼开，乾坤倚剑独徘徊，白云是处堪埋骨，京岘山头梦未回。'由于宋高宗对他的不信任，宗泽将军惆怅至极，他向京岘山倾诉着自己那'烈士暮年，壮心不已'的情怀，而如今镇江军民完全信任副都统大人，这何尝不是一件幸事呢？大家都依仗你这位英雄呢。"

海龄道："这么说来，倒是幸事。不过英雄二字，愧不敢当。自古以来英雄为当世钦仰、后人追慕，必是为民造福、爱护百姓之人，而此番若是英夷抵挡不住，城破家亡，又怎么成为英雄？"

梁章钜正色道："自己对自己都没有信心，如何守城？"停了一下，又道："刚你问我，有何守城良策，我想起一事。守城之心是要有的，就算城破后也要坚持巷战，或许能让英军退却……"

海龄道："巷战？"

梁章钜道："靖康年间，金兵围攻北方门户真定，宋钦宗命宗泽率部前往救援。其间城破，老将军便是利用巷战击退了金兵。镇江，这座古老之城，也或许可以一试……"

梁章钜所讲的正是北宋靖康元年，金兵南下，太原失守，真定危急，赴磁州的一些官员以种种借口不肯前去，只有宗泽听闻后率随从几十个人赴任。到磁州后，宗泽率众人积极修复城墙，整治兵器，招募义兵，广集粮饷，防止敌人进攻。不久，宗泽担任河北义兵都总管，率军救真定。宗泽面对攻入真定城内的金兵，以神臂弩挫敌凶焰，后纵兵进击，破金兵三十余寨，斩敌数百，所获羊马金帛全部赏给将士……

尽管距宋朝那段历史已经七百余年，但是宗泽那种誓死抵抗的精神传承至今，如今人们再讲起那场巷战依然是慷慨激昂。而爱民的海龄叹却口气，道："巷战是兵戎相见，面对面厮杀，伤亡更多了。"

梁章钜问："兄弟可怕死？"

海龄呵呵一笑，想起庄子的话来："生死修短，岂能强求？予恶乎知悦生之非惑邪？予恶乎知恶死之非弱丧而不知归者邪？予恶乎知夫死者不悔其始之蕲生乎？"意思是说："一个人寿命长短，是勉强不来的。我哪里知道，贪生并不是迷误？我哪里知道，人之怕死，并不是像幼年流落在外面不知回归故乡呢？我哪里知道，死了的人不会懊悔他从前求生呢？"庄子的原意在阐明，生未必乐，死未必苦，生死其实没什么分别，一个人活着，不过是"做大梦"，死了，那是"醒大觉"，说不定死了之后，会觉得从前活着的时候多蠢，为什么不早点死了？正如做了一个悲伤恐怖的噩梦之后，一觉醒来，懊恼这噩梦实在做得太长了……"

想到这，海龄朗声说道："生死修短，岂能强求？我海龄怎会惧怕生死！我会像宗泽将军一样，为了国家、为了民族、为了镇江，血战到底，流尽最后一滴血！"

梁章钜怔怔地看着他，好久才坚定地说了句："好！"

两人聊完，海龄把梁章钜送到了南门。梁章钜的四轮马车转入了旁边的一条岔路，穿过了被车轮在几个世纪的时间里轧成的、深深陷入地面的小巷似的沟道，曲折而行。道路两侧是长满着湿漉漉的苔藓和一种枝叶肥厚的羊齿植物的石壁。古铜色的蕨类和色彩斑斓的野花在落日的余晖之中闪闪发光。

夏天的傍晚这个时候最为美丽，镇江城外总是那般令人陶醉，只是海龄总觉得这一带乡间有一些凄凉的味道。小路上铺满了落下的树叶，在他经过的时候，又有些树叶从头顶飘落下来。当他从落叶上走过时，滴答滴答的声音突然让周边静了下来——弥漫着一种肃杀的味道。

在骑马返回的路上，海龄还没有来得及回味与梁章钜再次重逢的感觉，就听到禀报，英国军队兵临城下，即将进攻镇江城的北大门。

第十三章 祸起萧墙

七月二十一日黎明的时候，英军在奥克兰号等船舰炮火的掩护下，乘弗莱吉森号等船，像一头头饿狼扑向了镇江城。镇江每一个民众都知道，保卫家园的战斗开始了。

在攻城开始以前，英军总负责人璞鼎查登上了象山顶，准备亲自指挥攻城，而汉奸江长峰站立旁边，协助通译。郭富等一些高级军官依然留在船舰之上，随时调兵遣将，策应各路进攻的部队。而在镇江城内的海龄，此刻奔波于各个城门，不仅是看防守情况，而且通过一次次慷慨激昂的话语，鼓舞守城军民，他这个时候不能有一丝放松。

"各位同仁，乡亲们，想我中华，英雄辈出，多少护国之战，虽历经艰险，但必定能大获全胜。今英夷仗其船坚炮利，侮我中华，毁我家园，我们必定要与之拼死血战，不获全胜，决不退却。只要我们上下一心，同心同德，一定会有战必胜……"

海龄鼓舞了士兵、百姓，其实自己并没有信心，圌山关、焦山、象山，都一一落入敌手，他们的坚船利炮所向披靡，镇江城真的能够守得下来吗？海龄心中没有把握。

凌晨时分商定军事以后，噶喇、马应山、李澄等将领纷纷赶回自己的驻地，海龄独留大帐，一夜未睡。正像以前每次打仗一样，他将作战方略反复推敲，将几个城门的防御想了再想，心中隐隐担忧。烦闷之际拿起一本书来，原来是《孙子兵法》。翻了几页，外面骤然响起了厮杀声和炮火声，海龄重重地叹了一口气。

镇江城的北大门位于北固山麓脚下。北固山雄踞长江之滨，由前、中、后三峰组成，形势十分险要，当英军叔得少将率领的第二旅在北固山后峰的峭壁登陆时，已经被清军发现，并立即开炮还击。训练有素的英军没有放弃，反而越发顽强地强攻，他们带着登城的云梯，配备着十足的炮弹，边打边进，他们利用山崖和石头为掩护，很快占领了后峰，并越过了中峰，向前峰的北城门猛烈攻击。

英国人进攻镇江城的战斗异常激烈。海龄听到隆隆炮声不绝，呐喊声此起彼伏。他走出门外，见北门方向周围有许多火光，城头上也有火光，又听见城外不断地传来战马的嘶鸣。他听出英军进攻的炮火愈来愈密，但是始终没有持续往前推进，断定噶喇定能坚守住北门。他立即上马直奔北门，边走边想，突然想到了驻扎在西北郊外的齐慎、刘允孝部，此刻他们还会协助镇江城防吗？

海龄对齐慎知之甚少，而且两人之间还有恩怨，哪里想到远道而来的参赞大臣还是带着湖北提督配合北门的噶喇奋力杀敌。海龄登上北门城楼，看到亲临战场的援军，一阵感动，他看了看形势，立即加入了战斗。

海龄发现英军来势凶猛，于是大呼一声"打"，便亲自指挥，用城墙上的火炮、大抬炮以及火神枪猛烈射击。前排几个英兵瞬时倒下，后面又补上了几个，毕竟镇江城墙坚固，加上有侧翼的齐慎策应，有效地延缓了英国人向前推进的速度。

象山上的璞鼎查从单筒望远镜中看到了这一切，气得咬牙切齿，迅速把手放下后，紧接着脱下一只白色手套，道："去，命令奥克兰号舰，给我狠狠地轰！"

停泊在江面上的奥克兰号本来就是一艘载量颇大的英舰，装载有六十八磅重的炮弹。正常的野炮也就十八磅或者三十二磅，如此大威力的进攻武器一经使用，立即发挥了它的作用。

几发炮弹打下去，正好打中了城里的一座老楼，一位五十多岁的汉子被炸断了腿，晕死过去。待他醒来时，血流不止，老人家不禁破口大骂："我操你祖宗的英国洋鬼子，你们真是龟儿子啊，龟孙子。我们老百姓和你们无冤无仇，却炸断了我的腿，你们的子子孙孙都不得好死啊……"说完，又昏了过去。

一轮轰炸过后，璞鼎查露出了狂妄的冷笑，手套也不脱了，俨然成了战胜者。启用了重量级的攻城武器，战势很快逆转，于是他又下令："传我命令，皇家炮兵，立即向城内发射火箭！"

英军的火箭由箭头、箭杆、箭羽和火药筒四部分组成。火药筒外壳用竹筒或硬纸筒制作，里面填充火药，筒上端封闭，下端开口，筒侧小孔引出导火线。点火后，火药在筒中燃烧，产生大量气体，高速向后喷射，产生向前推力。尽管这种火箭发明于中国，却被外国人慢慢改良利用，成了攻城利器。很快城里城外，很多房屋被烧，成一片火海。

海龄无暇顾及城内外的火势，仍然一心指挥清军抵抗每一位上前的敌人。防守北门的清兵主要是以勇悍善战著称的青州旗兵，他们冷静而迅捷地还击攻城英军；总领噶喇在墙头亲自督促放箭。

数百名英军袭涌而来，城楼上，马应山眉头一皱，大声道："放箭！"话音方落，箭矢流星般射出，顿时冲在前面的数十名英军中箭倒下。

后方的英军眼中划过一丝惊惧，本能地想往后躲，奈何英军如潮水般汹涌往前，如何能回？转瞬间倒地的尸体便湮没在洪水般的人流中。

城头上箭矢如蝗，城墙下士兵如蚁。

又一阵箭雨倾泻而下，便又有数十人挣扎倒地，他们目含不甘，随即被碾作泥尘。整个北门城下好似一个修罗屠场，观来着实让人心惊胆战，许多士兵手上的长刀拿捏不住，哐啷坠落。海龄亦是长叹一声，闭目不语。

幸好攻城只有一个多时辰，英军停止了进一步的行动。实际上此番北门是佯攻，西门才是他们进攻的重点。海龄哪知敌方此意，眼见暂解了北门之围，于是便到各处城门巡查，最后回到了副都统衙门，倒头一睡，已入梦乡……

副都统府原来是个仅次于知府衙门的府院，在这场战争来临之时凸显了颓废之态。府上许多家丁已经被抽调到防御英敌的第一线，所以显得冷清。只有一处人多。几缕残阳照在那里却被无边的黑暗所吞噬，在残破的泥墙上泛不起一丝涟漪。那里充满着无比的压抑，那里就是无人关注的牢房。

这些天，祥云被海龄下令关在此地，尝尽了那地狱般的生活，但他心里没有懊恼，只是对外界的担忧和对海龄的想念与日俱增。时局日益紧张，镇江城的今天、明天又将如何？海龄大人身边没有一个可以照应的人，是否能够适应战争生活？

外面的炮声隆隆，祥云的心愈加烦躁，看到对面牢房呼呼大睡的穆之瑞，倒有些佩服这厮的淡定。或许他没有为国为民的担忧，镇江城守与失更与他无关，这样的人反而可以安睡。可是自己，岂能坐以等之？

祥云想用内功破门，怎奈牢门全用精钢所铸，实在牢固，运功几次破门均不奏效。他也想趁狱卒靠近，下手将其击昏，再拿了钥匙开门，可一直也没有机会。等到他在地上坐下，心中暗暗焦急之时，外面突然传来了刀剑碰撞之声，且从外向里直直袭来，听那声音，大概有十多个人在不停地打斗。祥云好奇无比，莫不是有人来劫狱？会有人来救自己吗？

祥云赶紧站起身来，走到了离门最近之处，扶着牢房门柱，直直地望着门口。很快，外面来人已经杀了进来，那些守卫牢房的士兵根本不是对手，仅仅过了三五招，很快便一个个横尸当场。他定睛一看，领头之人竟然是刘允孝的手下参将周兆熊，其他的也是他们手下的清兵。

祥云大喝一声："你们这是在做什么，为何自己人打自己人？"

打喊声盖过了祥云的喊叫声，没等他反应过来，周兆熊已经将牢房卫士杀光，然后靠近了穆之瑞的牢房之门。"咣"的一下，牢门被打开了，穆之瑞被惊得跳了起来，吞吞吐吐道："你们，你们……"

周兆熊拱手道："公子，请随我们来！"

祥云见有人劫狱，连忙大声喝道："贼人，休得如此猖狂……"无奈自己身陷牢狱，只能摇晃着牢房门柱，枷锁铁链被震得哗哗作响。

穆之瑞赶紧走出牢门，眼睛恶狠狠地盯着祥云，道："这厮也是害我的，不是他我也不会在此受罪多日。"

周兆熊心领神会地走上前去，钢刀直劈过去。祥云见危险来临，不慌不忙，往右侧闪避，躲过一刀。等刀再次落下时，却稳稳地落到了门柱之上。周兆熊想第三次挥刀之时，手下劝阻："大人，刘提督还在外面等着呢，大事要紧呐！"

周兆熊这才收起了刀，恶狠狠地看了祥云一眼，说了句："我们走！"

祥云心中一惊，他们口中所说的大事，莫不是与海龄有关？外敌来侵的关键时刻，可不能起内讧，那样岂不是自相残杀，自家人与自家人争斗？他顿时想起了"祸起萧墙"这一词。当年天理教起义，刚开始发展迅速，席卷北方大部分区域，还一度攻进了北京紫禁城，可谓如日中天。只可惜后来林清、李文成等人私心过重，最终内讧被对手利用，才被一一击破，最后被朝廷剿灭……想到这里，他又想到了义兄李文成惨死的那一刻，一股莫名的悲伤从心头涌出。

须臾，又一阵声响惊动了他。祥云循声望去，牢门内闪出一老一少，老的是个虬髯花白的汉子，少的是个妙龄少女，再一细看，竟然是上次在公堂上见到的朱士奇、朱湘梅父女。他们见到祥云，立即抱拳作揖，道："大人，你怎么在此地？"

祥云道："此事说来话长，暂且不提。刚刚那奸诈淫贼穆之瑞被贼人救走了……"

朱士奇叹一口气，道："唉，又晚来了一步。"

祥云问："怎么，你们来是找他的？"

朱湘梅解释，他们父女出城后，看到流离失所的百姓纷纷出了南门，往西逃，后来又听说了穆之瑞虽被定罪，但是一直没有处以应有的惩罚，再加上英夷来犯，他们父女于是又重返镇江，一来准备刺杀穆之瑞，为惨死的苦主报仇，二来尽普通百姓之力，守卫镇江城。

祥云听到此处，感慨万千："老爷子和姑娘的大义，小人万分佩服啊。私事与国事，仇恨与大义比起来，真是不值一提啊。"感叹一番后，他突然想到了什么，立即道："不好，海龄大人可能有难，我们赶紧去看看。"

朱士奇立即砍断牢门铁链，牢门顿时大开。祥云走出了牢笼，带着朱氏父女出了牢房，直奔副都统府门外。

穿过前院，来到中院门口，只见院门口围着十几位清军侍卫，满地鲜血，躺着三四具尸体，竟然也是清军侍卫。不过细细看来，服饰稍有区别，地上躺着的尸体都是青州旗兵，而站着的侍卫却是城外湖北提督的士兵，看样子确实是起了内讧，竟然发生了流血事件。

祥云立即从地上捡起一把侍卫大刀，直奔中院，朱氏父女随后跟着进去。侍卫们见到竟然有来人，一怔之下，祥云已经进入了中院。一名侍卫喝道："站住！什么人……"举刀向祥云右臂砍去。祥云侧身略避，挥掌拍在他胸口，那侍卫直跌出去。

轻松片刻，祥云便发现气氛异常，还未等他多想，朱氏父女直奔海龄而去，大喊："大人！"未等接近海龄，已有两名卫士挥刀拦住他们。海龄见是朱氏父女，便道："你们，你们怎么来了？"

朱士奇道："大人为国为民，尽忠职守，草民也非怕死之人。英夷来犯，人人得而诛之，岂能不出一份力……"

"那你……"海龄双目怒瞪，直直地看着祥云。

祥云不敢正视海龄，只得低头禀道："穆之瑞被人劫狱救出，必然有所图。小的紧跟而来，果然如此……"

"哈哈，哈哈……"发出一阵狂笑的是刘允孝，正是他救走了穆之瑞，之后围攻了副都统府，一番厮杀之后，把海龄和几个侍卫围在了中院。

刘允孝冷冷地道："副都统大人，英夷已经到达城外，即日便可进入城内。你到这个时候还不肯让我们进城，是何居心？你定要将我镇江全城双手奉送给英夷，是不是？"

祥云上前怒喝道："副都统大人是镇江守卫最高军事长官，尔等竟敢对大人无礼？"

穆之瑞呵呵一笑，挥舞着刀鞘，说道："无礼？他是要断送我们镇江城呐，我们镇江的百姓如何容得下他？"

海龄叹了口气道："老夫无德无能，致使英夷兵临城下，即将入城。如若打开城门，英夷势必乘机而入，残害百姓。也罢，也罢，那老夫唯有一死，以谢众人，原本死不足惜，只是愧对皇上，愧对梁大人呐……"

刘允孝上前，逼近一步，喝道："你也不必死，只要你立刻交出大印，镇江城交由参赞大臣守卫……"

海龄身子发颤，喝道："老夫的官职由皇上亲自授予，保卫镇江是职责所在，你们胆敢悖逆圣意，莫不是想造反？"

刘允孝一使眼色，穆之瑞拔出长刀，叫道："大人昏庸。从圌山关到焦山炮台，守军死伤无数，城池一一丢失，还惹得我遭受牢狱之灾……"他一边说着，一边挥刀砍了过去。朱士奇见情况紧急，怒叱一声，抢起身边的一把椅子，挡在海龄身前，接连架过穆之瑞砍来的三刀。刘允孝喊了一句："上。"他身边的众侍卫纷纷涌上来。

祥云见朱士奇渐渐支持不住，抢入人圈，左臂起处，将两名侍卫震出丈余，右手将大刀递给朱湘梅，自己站在海龄身旁保护。十多名侍卫抢上来争先恐后地要杀海龄，都被他挥拳踢足，打得筋折骨断。

朱湘梅武功不高，比不上朱士奇和祥云的身手，只是她大刀在手，精神一振，数招间已削断穆之瑞的长刀。刘允孝眼见大事已成，哪知祥云忽然到来，还带来一对武艺如此高强的父女，大叫："外面的人，都快进来！"

很快，周兆熊又带着十多个士兵应声而入，他们看到浑身是血的祥云和朱氏父女，无不大惊失色。周兆熊认出了祥云乃海龄身边的侍卫，立即高声叫道："先料理了这小子！"众士兵立即围了上去。

朱氏妇女退到了海龄身边，仗着大刀犀利，刘允孝手下一时倒也不敢攻近。朱湘梅眼见敌人愈来愈多，渐渐招架不住，立即喊道："爹爹，敌人越来越多，如何是好？"

朱士奇边打边退，道："我挡着，你带大人先走……"打斗的时候因为说话分心，朱士奇左胸中了一剑。

朱士奇继续奋力杀敌，一刀下去，砍了一个，自己也顺势倒了下去，口吐鲜血，口中断断续续，念念有词："保……保护……大人……"很快，他倒地昏迷不醒。

朱湘梅看到朱士奇倒地便要扑过去，大喊道："爹爹，爹爹……"

祥云见形势危急，连忙劝阻："湘梅姑娘，我们先奋力杀出去，再救朱老英雄。"

祥云、朱湘梅护着海龄杀至前门，这时候李澄带着守军赶到，他大叫道："可恶贼人，给我杀！"青州旗兵立即与湖北军交起了手，显然青州兵人数上占有优势，几个回合，湖北军没有了抵抗能力。刘允孝一看形势，立即挥手对周兆熊道："马上撤出城外。"

海龄见困境顿时被李澄所解，立即道："李将军，辛苦了。西门那边战况如何？"

李澄禀告道："大人，英夷似乎并不想进攻西门，他们暂时只是象征性地放了几炮，根本没有一个洋鬼子来攻城。"

海龄点点头，道："看来他们确实把进攻重点放在了北门，我们的防御之法是对的，还得以北门为重啊。"

祥云在牢狱中度过几日，并不知晓镇江城防情况，于是简单问了下李澄，又看到海龄把重点放在了北门，于是劝道："大人，北门战况虽惨烈，但是西门也不得不防啊。毕竟北门城池坚固，英夷不会不考虑到这点，或许他们是声东击西，若是那样我们便上了他们的大当了……"

海龄打断他，道："祥云，你的事还没有完。你别以为救了我，便能将功抵过。过后……"

祥云也打断了海龄，道："战事过后小人自当任凭处置。只是这几日，能否让小人在大人身边，为大人效劳？"

海龄捋捋胡须，道："也罢，也罢。你先留下来吧。"

正说着，一阵凄惨的哭声传来，原来是朱湘梅伏在父亲身上哭着。只听着朱士奇断断续续地说道："女儿……儿啊……为父……为父……先走……走了……"

朱湘梅垂泪道："不会的，不会的，我让大人救你，救你……"

朱士奇道："为……父先走……走……只是……只是，不……不放心……你……"

朱湘梅道："女儿已经长大了，父亲不必为女儿担心。"

朱士奇道："儿……儿大当婚……女……女大当嫁……为……为父……没……没有为你找……找一个好……好人家……" 朱士奇声音越来越低，呼吸也越来越微弱，他看了看身边的海龄，又看了看祥云，道："祥……祥大人，老……老夫想……想托付你……一……一件事……"

祥云道："朱老英雄，你不必客气，有事请尽管吩咐！"

朱士奇道："我……我把我……我家……湘梅……托付……托付给你……"

祥云刚想拒绝，低头突然见朱士奇胸口的鲜血不住地渗出，衣衫上的血迹越来越大，朱士奇头已经歪倒在一边。朱湘梅见父亲身亡，顿时号啕大哭起来。

虽说祥云对朱湘梅早已有好感，但怎么也没想到朱士奇临终之时就这么把女儿托付给自己，他听后尴尬地站在那里，一时不知如何是好。海龄见此，道："朱老英雄遗愿，你还是帮他完成罢！"

祥云看了看伤心欲绝的朱湘梅，道："谨遵大人之命！"

海龄摇头道："这不是我的命令，而是一位忠贞义士之遗愿。他虽然没有为守卫镇江而死，却是为保护我而亡，这更让我坚定了守城之心。我在城在，城失我亡！"

很快，海龄吩咐人在府内直接为朱士奇搭灵堂，由于战事紧张，准备第二天便择地下葬。刚刚吩咐完毕，又有人来禀报："湖北提督刘允孝在西门外的宝盖山遭英夷袭击……"

第十四章　　近郊鏖战

刘允孝从副都统府溃逃，虽然没有夺得海龄的军事指挥权，但是救得齐慎义子穆之瑞，心想着参赞大臣会对自己有所嘉奖，或许他一高兴，上奏皇上，让自己官升几级，也不是没有可能。他这么想着，不知不觉到了城内道路交叉口，周兆熊问道："大人，此处应该如何走？"

眼前两条路泾渭分明，一条通向北门出城，一条通向西门出城。刘允孝想到他们是从西门进城，并且打着入城协防的旗号，倘若此刻再从西门出去，不知是否会引起守门士兵怀疑。但是北门又正打得如火如荼，英夷如潮水般涌入，看来出城是不可行的，倒不如去西门碰碰运气，再说了守将李澄已经在海龄的副都统府，如今的参将不知情况，说不定能够放他们出去。

于是刘允孝大手一挥："从这边走，我们还是走西门出城！"

果然不出所料，西门守将李澄不在，参将不知城内情况，只道刘允孝是协防守军，进出颇为自由，于是立即放行。可等刘允孝刚刚走出西门不久，正暗自得意，不想等待他们的却是一个巨大的陷阱。

这个陷阱是英国人璞鼎查布置的。那时他一边在象山上观战，一边品着江长峰奉上的名为"金山润芽"的绿茶。嫩绿的茶芽在瓷杯内翻滚着，那份幽香、淡雅萦绕在这位刽子手的鼻尖，他享受着片刻的宁静。

很快，璞鼎查微闭的双眼慢慢睁开，问道："你刚说，此茶名叫金山润芽，为何叫此名字啊？"

江长峰呵呵一笑，道："爵士，这茶的名称由它的产地而定。此茶产自镇江的金山山麓，雨水润泽着翠芽，于是便有此名。此茶在宋朝时便有了。"

璞鼎查似乎对茶叶的历史毫无兴趣，倒是对其中的一个名字感兴趣。"这金山，是不是就是镇江金山？"

江长峰谄媚笑道："正是。金山乃江南一座名山，你看此处产的茶扁平挺削匀整，色翠显毫，嫩香，滋味鲜醇，汤色嫩绿明亮，叶底肥壮嫩绿明亮。冲泡后翠芽依依下沉，挺立杯中，形似镇江金山塔倒映于扬子江中，饮之滋味鲜浓，令人回味无穷……"

璞鼎查"嗯"了一下，轻轻点点头说道："的确是好茶。"然后又问："我们西边作战部队是不是也要经过金山登陆？"

江长峰立即竖起了大拇指，直夸璞鼎查英明神武，他指着地图道："按照作战计划，我们佯装攻北门，同时萨勒顿将军从金山脚下登陆，随时准备进攻西门……"

璞鼎查"嗯"了一下，又抿一口茶，问："那最近镇江城里有何动静，那个副都统大人还在负隅顽抗吗？"

江长峰不知情况，笑着打起了哈哈："海龄那老匹夫不知死活，我们大英帝国的军队就要进城了，他们还死守城门，依小人所见，不出一日便可破门……"

正说着，郭富将军过来了，他把刚刚城中奸细带来的消息汇报给璞鼎查："爵士，真是很大的喜事啊。城中已经内讧了，据说那个援军刘允孝逼海龄交出军权，差一点两败俱伤。这正是我们大英帝国军队发动冲锋的最好时刻！"接着详细说了冲突之事。

璞鼎查听了，把茶杯往桌上一摔，哈哈大笑起来："这确实是个好消息。"不过他想了想，战场上的变化一直是瞬息万变，又问："最后什么情况，他们有没有夺了那海龄的军权？"

郭富摇摇头："那刘允孝部都是憨熊，真是不堪一击，据说被打退了，带着残兵败将又退出城门了……"

璞鼎查道："这我就不明白了，都是大清朝的军队，怎么一部分在城内，一部分在城外，莫非是想夹攻我们？"

江长峰奸诈地笑了笑，道："爵士，你有所不知。大清朝军队有些将领素来不和，海龄是镇江的守将，而那齐慎、刘允孝是从别处调来的，如何统筹那清朝皇帝也没有一个办法，所以这些临时拼凑在一起的军队，导致了兵与将不和，兵与兵不相识，也不知道谁管谁，你说他们之间联合在一起作战，如何不有矛盾？"

璞鼎查、郭富听了，哈哈大笑。

璞鼎查突然头一转，面向郭富，问道："你刚说那刘允孝部退出了城门？"见郭富点头，他继续问道："那可知他们从哪个城门出城的？"

江长峰想了一下，道："北门如今战斗正酣，他们决计不会从此门而出。他们要到城外大营，必定走西门。对，西门！"

"西门？"璞鼎查看了看地图，呵呵一笑，"那借用你们中国人一句话，'真是天助我也'，我们能破敌方一员大将了。"

璞鼎查见他们不知所谓，于是指着地图，道出了玄机："那刘允孝出城门，必定回大营。如果我们在他们回去的路上堵截……"他用手指重重敲了敲一个点继续说道："在这里，宝盖山，他们必定从这条道上经过……"

郭富看到地图上的标注，立即明白，他自告奋勇请战："爵士，我愿亲自领兵作战……"

江长峰提出异议："反正萨勒顿将军会带兵攻入西门，这场伏击战何不直接让他打呢？"

璞鼎查又是哈哈大笑，指着江长峰道："江公子着实是个聪明人，能问出这样的问题。只不过萨勒顿将军是秘密登陆的，倘若伏击战中暴露了目标，我们得不偿失。"他想了想，又说："我们便以郭富将军为指挥，带一小队士兵在此，那刘允孝必定不得生还……"

郭富立即表示决心："谢谢爵士信任，我定不负众望，完成这次任务。"于是转身准备出战。

璞鼎查等郭富走后，对江长峰道："郭富焦躁犹豫，不得要领。我看你也跟去协助吧，这位军士鲁莽可能会耽误大事。"

江长峰呵呵一笑，道："是！"

镇江的宝盖山海拔虽然只有六七十米，但是历史悠久，两亿年前宁镇山脉的崛起，造就了它的脊梁；六千年前的一次大洪水，又给它披挂了一层厚厚的黄土。山虽然古老，但直到清朝初年始有宝盖山之名。所谓宝盖，原是古代帝王出巡的一种仪仗，一种高高撑起的圆形平顶大伞，周边围一圈帷幕缨须。此山山顶是一个方圆二百米的平台，状如宝盖，故名宝盖山。

宝盖山下有一条羊肠小道，狭窄崎岖，宽约一米多，仅仅能通过一匹马，或者两个并排而行的人，这是从西门通向马王庙的必经之路。马王庙驻扎着齐慎、刘允孝的军队，换言之，刘允孝从西门回营，必然要走此路。只不过途经此处时他们还处于从西门顺利出城的得意之中，忘记了英夷攻打镇江城的事。当郭富把一百多名英军布置在山洼路口时，刘允孝这才发现自己和手下的弟兄已经陷入了四面楚歌的境地。

郭富带领的是英军第三旅的精锐，士兵个个英勇善战，他们端着洋枪占据了重要的位置。刘允孝等人进退两难，怎么办，若是前行，必遭全军覆没，若是后退，李澄的追兵赶到，也将遭遇一场恶战。而郭富这边看不清对方到底多少人，是否有埋伏，也不敢轻举妄动。双方一阵僵持。

火枪声渐渐停止。将士们在轮流吃着干粮。如今刘允孝的人马退守在宝盖山脚下，不能动弹片刻。他的人马不多，一共不到五十人，所以他没有组织反攻。英军中不时有将士向这边的人马喊叫，劝他们把刘允孝绑来投降，可以免遭屠戮。有的英国士兵站在山顶对着山洼里喊叫，有的跑下山坡，一直走到山脚喊叫。被包围的将士不打枪，也不放箭，有时看见刘允孝不在身边，便伸出头来看英国士兵，胆子大的还跟英国士兵搭腔说话。

刘允孝知道自己身处危境，断难突围，决心死守。可是他也知道，手下的兵士并不同他一心，于是他让周兆熊发出了告诫：有敢擅自勾结英夷的，全家斩首；同时严禁士兵同英国士兵说话。可是他的兵丁都害怕其他人情况有变，勾结英夷冲了上来，会让他们死无葬身之地，所以他们内心彷徨挣扎，却又不敢发作。

时间久了，兵士们都到了快要崩溃的边缘。周兆熊说："我们坐在此地，像缩头乌龟一样，还不如直接冲上前去，和那些洋鬼子拼了。"

刘允孝摇摇头，叹息一声说道："唉，洋鬼子端着洋枪对着咱们，直直地往我们身上打窟窿眼，我们如此送死，又有何价值？再说这样死去，连个报信的都没有，岂不是很冤？"

周兆熊想了一下，说道："大人，我们能不能想个办法，让齐大人知道我们这边的情况，或许能够解我们之围……"

刘允孝站起身来，想了又想，突然转过身，道："正是啊。我们被英夷包围，倘若有人从后面给他们一个袭击，我们相互夹击策应，不光能够解困，还能够杀敌，岂不是好？"

周兆熊道："甚是，甚是。但是谁出去报信呢？"

刘允孝眼珠一转，问道："兄弟们，谁懂旗语？"问了一圈无人知晓，待大家失望之时，穆之瑞道："大人，我懂。我曾经在城门守了几年，这个都是我们必须掌握的技能。但是如今懂又如何，我挥动旗帜，又有谁知晓？"

刘允孝道："世侄啊，想不到你还懂旗语。好说，好说。我们在此地山洼，使用旗语自然无人知晓，若是到这宝盖山山顶，必定会有人看到的。"

说着，众人往山顶看去。山顶的英国士兵不多，只有三五个人，但占据着重要位置。刘允孝想了又想，道："世侄，无论如何，也得冒险一试。我会充当先锋，大家一拥而上，你在山顶点火，趁机发布旗语，齐慎大人必定会派人来救咱们。"

天将黑，要是英夷趁着天黑，一举进攻，他们真的就葬身在这宝盖山了。穆之瑞虽然胆小怕死，但是此刻也不得不点头答应。

刘允孝充当先锋，在山坡前开道，周兆熊掩护着穆之瑞，借着丛林掩护往山顶而行。英夷很快发现了端倪，一阵火枪乱射，却没有打中目标。等子弹打完装弹的瞬间，刘允孝已经杀到跟前，一刀一个结果了两个英国士兵。等另外几个士兵发现了情况，立即边打边退，哇哇大叫着招呼同伴过来。

"不好！"刘允孝大吃一惊，"我们已经暴露了，赶紧点火，放旗语。"

穆之瑞打着了火折子，很快山顶烟雾弥漫，他瞧见了不远处马王庙一带的士兵已经注意此处，于是用树枝挑起了衣服，挥动着打着旗语。

用旗帜发布信号，是古代一种十分常见的通讯方式。齐慎、刘允孝的军队的旗语是经过他们改良和加密的，只有他们军队的人才懂。当齐慎得知手下的汇报，知道刘允孝等人被围困在宝盖山时，立即拔出宝剑，道："马上出发，支援宝盖山！"

破解旗语的还有另外的一支部队，那就是守卫镇江西门的李澄军队，他们也很快将信息传递给了副都统海龄大人。海龄没有太多的纠结，立即叫上了祥云、朱湘梅，命令："即刻从西门出城，驰援刘允孝。"

祥云愣了一下，朱湘梅听了眼泪直往下掉。他们毕竟刚刚和刘允孝这样的敌人交过手，士兵互有死伤，再加上朱湘梅的父亲朱士奇命丧当场，怎么这个时候还去救自己的敌人？

海龄似乎早已看出了他们的心思，解释道："刘允孝毕竟是协防镇江城的，他们被英夷攻击，我们必须去援救。当然，他们确实也对我们起了歹心，但是私人恩怨和民族国家感情相比，孰重孰轻呢？"

一番解释后，祥云、朱湘梅只得领命："小的遵命！"

一次看似不起眼的旗语行动，却得到了清军两方的回应，而让他郭富的这场袭击战逆转了形势，本以为清军都是自己囊中之物，而如今自己却成了别人的囊中之物。

郭富换了一件下士的衣服，道："我先突围，你们给我顶着。记住，一定要把那个放旗语的给我干掉！干掉！"

英国士兵枪声骤然响起，朝着穆之瑞集体开枪，穆之瑞随之中枪，仰面朝天倒下，顿时气息全无。

刘允孝见此，连忙喊道："世侄，世侄……"可惜穆之瑞再无回应。随后他率领被困兵士，一鼓作气，把这一百多英国士兵杀得鬼哭狼嚎。

是役，英国士兵死伤七八十人，郭富带着剩余的士兵全部往西而逃。而齐慎、祥云等部也只死伤了十多人，可谓一场以少胜多的经典之战。

但是战役远远没有结束，这只是这场近郊鏖战的序幕，一场更大的战役即将来临。

当郭富逃至金山脚下之时，正好遇到刚刚登陆不久的陆军少将萨勒顿。虽说郭富是总司令，但是他还是被萨勒顿委婉地讽刺了："总司令怎么不在大营好好休息，冒此风险亲自带兵袭击，勇气可嘉！"

郭富刚刚脱下下士服饰，换了一身总司令的服装，有些狼狈地问："少将，有吃的没有，我……我……快饿死了。"

萨勒顿呵呵一笑，立即吩咐："来人，拿红酒、培根、沙拉来，给总司令用餐。"

郭富三下五除二，干了半杯红酒，狼吞虎咽地吞下两块培根，一边吃一边说道："敌人来势汹汹，得小心为上。那城外的清军势不可当，将军还得留个心眼。"

萨勒顿又是一笑，道："城外的那是齐慎、刘允孝的军队吧？如今他们刚刚打了一个偷袭之战，或许正在狂欢之中，我们何不趁此机会，杀他个措手不及？"

郭富突然停了下来，问："那我们何时杀过去？"

萨勒顿道："等你吃完了，我们便出发。"

郭富三口并作两口，把几块培根全部消灭干净，又把杯中的红酒一饮而尽，道："我吃好了，我们出发吧！"

萨勒顿却又笑道："不急，不急，再休息一晚出发也不迟。"

第二天清晨，萨勒顿、郭富并马到了营帐之外，他指着两边的山丘介绍道："总司令，我们已经把这金山南岸的山丘全部占领，接下来，我们开始直击齐、刘军营了。"

郭富哈哈大笑道："将军真是神速啊。早知道将军如此威猛，我那番袭击倒可以省了。"

萨勒顿摇摇手，道："总司令客气了。若不是总司令分散了齐、刘之兵力，或许我们行动也不能够如此迅速。如今前锋部队已经接近敌方军营了。"

郭富喜出望外，道："很好，很好，郊外敌兵一败，我们便可进攻西门……"

正说着，前方有士兵来报："总司令、将军阁下，齐慎、刘允孝部已经被我军击溃，他们正往东逃窜……"

众人听了哈哈大笑。

而此乃表面上眼睛看到之事，英国士兵没有看到深层次的：齐慎、刘允孝部看到英军来袭，已经拆除帐篷，列队成阵，各自带领部队分成两路，互为犄角。霎时间，阵中旌旗林立，其中有弓箭手，有手持长矛的兵士，还有少量端着洋枪的火枪队，面对强敌，他们毫不退让，更不惧怕。

郭富从望远镜看到这一切，有些胆战心惊，忙说："敌军虽被冲散，似乎实力丝毫没有受损。将军，我们是否需要发动新一轮的攻击？"

萨勒顿放下望远镜，立即命令："步兵前行，再放火炮、火箭，先攻其右侧阵地！"

右侧阵地是刘允孝部，他们发现敌人的先头部队一步步逼近，立即指挥士兵从阵地两侧用圆形炮弹和葡萄弹敏捷地向英军开火。参将周兆熊只发了一炮便将英军一名骑马的头目击毙落马。齐慎看到自己的部队没有受损，而刘部阵地烈焰腾空，战斗十分激烈，于是指挥官兵："驰援右侧阵地！"

霎时间，齐军齐声喊杀，枪炮齐鸣，喊声四震，击毙英军多名。

郭富看在眼里，急在心头，忙道："将军，后续部队是不是要加紧而上，驰援前方……"

萨勒顿似乎没有听到郭富的话，立即又下了命令："前方士兵，一旅分为两个纵队，继续前进。"

紧接着，他喊来了安脱路特少校，命令道："把那几门轻型野炮拉上来，对着敌方的野战壕放炮！"

萨勒顿紧急变化的行军作战方式立即奏了效，清军不仅腹部受敌，而且遭受着几门野炮的袭击，伤亡不小，连齐慎都被轻型野炮击倒。手下侍卫连喊："大人，大人，你没事吧？"

刘允孝也命令人："把大人搀扶下去，不得迎战！"

齐慎确实是一块硬骨头，他用手擦干了肩膀上的血迹，放在眼前看了看，咬牙切齿地站起身来，立即上了一匹战马，道："兄弟们，我巍巍中华，让洋鬼子欺侮多年，我们唯有抛头颅，洒热血，才能对得起列祖列宗……"

齐慎没再说下去，聚集在胸口的痛闷、仇恨、悲伤等，一下子涌上来，他大叫一声："冲啊！"

这场郊外之战，从清晨战斗到中午，双方均有死伤，英军没有再向前一步。当齐慎看到西门起火之时，立即招呼刘允孝过来："洋鬼子太狡猾了，他们发兵开始攻西门了……"

刘允孝看着西门的战役已经打响，问道："那大人，我们是否要去支援？"

齐慎叹一口气，道："都是天朝臣民，若不助之，必遭天谴。"

第十五章　血战破门

　　镇江城的西城门有内外两重门，雄伟坚固，便于扼守。城楼计有两层，一垛一垛的城堞适合架设各种抬枪、小炮。城堞下的炮眼，既能作为瞭望台，又便于士兵隐蔽。城墙上每个炮眼都站着两个以上的旗兵，警惕地看着城外英军的动向。守将李澄还令人在城头上放备了大量的石灰罐和石块，以备对付敌人的攀城行动。

　　当萨勒顿袭击刘允孝部，又把驰援的齐慎部打得落花流水之时，郭富眯着眼睛，呵呵地笑了，他那股战斗的欲望立即被激起，又想到当日攻占圌山关的显赫历经，于是提议："将军，给我两个军团，我要直接攻过去。"

　　萨勒顿大吃一惊，忙问："总司令，你要两个军团作甚，要攻哪里？"

　　郭富表情严肃，直指镇江西城门："我要从这边攻进去，把大英帝国的旗帜插到镇江城墙之上。"

　　萨勒顿劝说无效，无奈只得把第十八团和第四十九团全部交给了郭富。这位野心勃勃的总司令很快指示两团英军占领了护城河边的民房，他们用毛瑟枪和大炮连连射击，准备强势攻击。

西门守将李澄沉着应战，抬枪、火炮、弓箭等，只要能够用上的，他便全部使用，一时间枪炮、弓箭声骤起，毕竟英国军队没有占据有利的地势，被清兵干掉十几人。

李澄一边观察敌情，一边命令兵士把弹药、弓箭等全悉准备妥当，他还对着下面喊道："副都统大人去请了吗，怎么样，援兵来了吗？"

"老夫来也！"很快海龄到了城头，他看着外面的敌情，说道："西门的战况还算不错，你们没看到北门那边的争夺战，噶喇的压力不小哇。"

李澄忙问道："大人，我们还有多少增援的兵力？"

海龄摇摇头道："能用到的，我全部用了。我已经令祥云让十二岁以上的男子一起参战，哪怕城破我也决不退让。"

李澄暗自叹一口气。海龄确实用心尽力了。知府大人祥麟早已经逃之夭夭，不知道在哪里逍遥快活，让他们背负起了这座老城的前途命运。李澄不禁流下了眼泪，但是他没有过多的时间去感慨和悲伤，英军新一轮的进攻已经开始。

郭富见前行受阻，立即想了一个办法，让兵士把那些民居里的百姓赶出来，充当了前行的"先锋"。少时那些平民奔至护城河前，奈何吊桥已被拉起，他们一时不备过河器械，当头的数百人止不住，被后面如潮的人群推挤掉入河中。两方对垒军队并没有注意到，只顾相互射击，十丈宽的护城河竟挤满了落水百姓，他们如溺水蝼蚁般挣扎，渐渐沉下，很快失去了生命。

海龄观察全局，很快发现了此等惨景。他虽然参加过剿灭农民暴乱的战争，但是又何曾经历过如此修罗地狱般的场面？再看片刻，膝间已是一软，如何站立得住？扑通一声，瘫坐在地。海龄捶胸顿足，心中大恸，只得闭目哀泣，少时已是满脸泪痕。

一时间是哀声震天。海龄听来，心如刀剜剑戳。万千百姓悲号，直直击在自己心底深处。他揩干面上热泪，睁眼再望，只觉心头如被雷击，"哇"地吐出一口热血，神色瞬间委顿了下去。

原来那十丈宽数丈深的护城河已被数百名落水的百姓填满。英国士兵身手矫捷，脚踏千百人头而过，很快蜂拥至城墙之下。

李澄也发现了情况危急，立即下令："放枪，放箭！"

尽管攻击力度颇大，但是善战的英国士兵搬出数十架攻城云梯，数百攀梁飞钩，叫嚣着朝城墙奔来。

很快，守军旗兵对着前方攻城的英军全力射杀，英军很快身软倒下，而当第二拨英军想攻上去的时候，又很快被射杀，场面又一时陷入了僵局。不过，半个时辰过后，英国军队的一队海军赶来支援，形势发生了彻底的扭转。

原来，正当郭富率领英军陆军在攻打西门之时，萨勒顿又令停泊在运河入口外的英军布郎底号所属的小轮船、驳船、快帆船、单桅船以及平底船奉命载着一部分炮兵和两门榴弹炮，前往支援攻城。这支一百多人的船队沿着运河行驶至西门外的一座桥梁时，很快便暴露了目标。高度警惕的守城清军立即从城墙上用抬炮、火绳枪向小船射击，仅十多分钟的时间，英船十多名海员和八名炮兵负伤，指挥官海军上尉克鲁其负伤三处，随军实习生李昂斯和炮兵队两名军官也纷纷中弹。英军不得不丢弃掉驳船、单桅船、平底船和大炮等。小轮船和快帆船不敢再前行半步，只得趁机逃回江心的皋华丽号军舰上。

萨勒顿得知船队失败的消息，气得咬牙切齿："真是一群废物！"然后又命令："请理查滋舰长带海军两百人，从运河入口处上岸，与总司令的陆军相会合，直攻西门！"就这样两队英军相互配合，攻城力量大大增加。

两路英军踏着尸体奔至城下，嚷嚷着搭梯往城上攀来。又有数十名英军士兵挥开飞钩甩上城头，牢牢地抓在城墙青石之上。城上清军拔剑挥刀，奈何飞钩绳索不知为何物所制，一连数下竟砍不断。

此时城下后进英军手端洋枪，开始往城头还射，一时双方弹雨往来，只片刻，城墙下积尸数尺，不时还有城上清军坠落城下。

海龄在城墙上督战，见城下弹药如飞蝗，凌乱泼下，好似下了一场雨，城上中枪、中箭的清兵不绝。海龄死死地抓住城楼石柱，手上用力，石粉簌簌而落。

有时有云梯搭至身边，海龄亲自动手，双掌上一拍，数丈长的云梯从中而断，攀爬未一半的英国士兵号叫着跌落，转瞬既被人潮湮没。

奈何云梯、飞钩多达数百，兼城下的英军长枪如林，纷乱向城上的清军袭来。城上清军毕竟抬枪、大炮有限，很多使用的还是原始的刀剑长矛，再加上兵卒不全，在英军如潮攻势之下，一时有些抵挡不住。

城上清军拼死又撑了半个时辰，便被冲破数处缺口。城下的英军急速攀上，抽出背上长刀，劈砍杀人。城头一时乱如蚁窝，几乎失控。

海龄不惧凶险，从地上随手捡起一把九尺铁枪，一晃枪头，冲城上数十英军杀来。

那群英军见海龄一人挺枪杀来，气势颇为不弱，便知是非凡人物，争功之心大起，当下数十人狞笑连连，争先恐后持刀杀来。

海龄见英军势众，却也不惧，沉声一喝："洋鬼子，看枪！"说完他手抓枪柄一转，内力微吐，跃前一步，手中铁枪刺出，持枪右手拇指一震，精铁枪头纷乱刺去，一钩、一带、一圈、一转间，好似抖出一团花来。随即数名英军士兵喉头咕叽有声，便也开了数朵血色的红莲。

海龄趁英军一时心惊，再喝了声"好"，挺枪再度刺出，一时扎、刺、缠、圈、拦、点、拨，诸多技法一一使出，又兼使出棍法劈、崩、抡、扫、绞、挑、撩、挂诸法。

把一杆铁枪舞得滴水不漏，英国士兵纷纷心惊，恐遭不测，不待海龄杀至，便悉数跳起，坠入城下，城下英军观来亦是瞠目结舌、心惊胆战。

不出片刻，城头数十英国兵士无一人直立，海龄周身不沾纤尘，擎枪长啸，众英军闻声无不胆寒。

那舰长查理滋见海龄枪法娴熟，不禁心头骇然。不过很快，他端起一把小型洋枪，"啪啪啪"连开三枪，打中海龄手腕。海龄"啊"的一声痛苦喊叫，很快长枪落地，人也半蹲下。

见海龄受伤，查理滋带着下士华生等，在炮火的掩护下登上了西门城头。英国人已经占领了城楼阵地。

海龄在李澄等人护送下下了城楼，开始往内城撤离。他心有不甘，大声喊道："放开我，放开我，我要和英夷决一死战，决一死战！"但是李澄和兵士哪个又管他的喊叫，把他护送上一辆马车，迅速离开。

就在海龄他们离开不久，英军陆军总司令郭富命令攻城部队派出一队工兵，携带了三个火药包轰炸城门。英军工兵队在第十八团和四十九团侧击兵的炮火掩护下，冲过石桥，靠近城墙。英军一士兵点着了炸药的导火线，"轰隆"一声，厚实的外城门被炸飞，顿时浓烟四起，尘土弥漫，打开了一处通往城内的缺口。

而差不多在同一时间，进攻北门的叔得少将，也攻破了镇江北门。

北门曾经一度让叔得少将头疼不已，不仅仅是因为其城墙坚固，守军较多，更重要的是因为在战略上北门这边是佯攻，策应西门的攻击，西门城破，这才能正式进攻。而叔得少将遇到的对手噶喇是一名硬汉，着实让他吃了亏。

噶喇亲自在炮台点炮督战，清军将士作战英勇，敌军并没有大规模进攻，他们死守了两天两夜，硬是没有合过眼，更没有后退一步。噶喇头缠白布，心中发誓如果城破便以死殉城，他那突出的前额，加上那凹陷下去的大眼睛，都展现出疲惫不堪的样子。不过他的话语依然铿锵有力："传我命令，均按预定战法加紧准备，多准备石块、油桶等，把炸药、地雷等全部埋在城门，与英夷决一死战！"

"是！大人放心，我们誓死守城！"

兵士的话语让噶喇心怀安慰，但是形势的严峻容不得他想太多，当英国士兵新一轮攻打北门之时，他又亲自点炮，带领旗兵奋力抗敌："打，给我狠狠地打！"

不得不承认，守门将士气势如虹，但是面对敌众我寡的局面，再加上英国军队先进的大炮、火枪，形势越来越不乐观。尤其当西门被英夷占领，那边的城楼上插上了大不列颠的米字旗，噶喇和兵士们已经绝望到了极点。此时，阴险的叔得立即指挥："全面进攻！"同时，他还命令部队分成两股，一股继续进攻北门，一股在前峰方形小子城下面架梯攀城。

这前峰方形小子城是北门侧面的一道小门，又称"十三门"，原是老百姓出入镇江城的另外一道门，虽然不大，倒也能满足出行需要。而海龄指挥噶喇守北门，把重点放到了正门，却忽视了这道"偏门"，因此十三门的防守薄弱，兵士稀少，更没有有效的守城大炮等火器。很快，英军辛普森上尉将来复枪带到了十三门城下，掩护侧面的工兵和地雷队架设云梯往城墙上爬。噶喇发现了端倪，立即令火枪手准备，一下子把辛普森击毙。而另外一个上尉卡堡正准备往上爬，也被枪手击伤。

英国军队认准了十三门，如同潮水般冲了上去，他们在猛烈的炮火和轻装部队的掩护下，从侧面爬上了城墙。清军守军以卫所和岗哨为掩护，步步为营，誓死抵抗。

噶喇一边放炮，一边呐喊，突然一阵"砰"的巨响，惊动了所有的守军，大家细细一看，发现竟然是噶喇身边的大炮炸裂了。噶喇没有过多的迟疑，他迎着刚刚爬上城墙的英军士兵，与之搏斗，轻轻躲过了对方的刺刀，然后转身一个扫堂腿，已经将英兵摔到了城下……

统领已经豁出性命，守城的旗兵更是奋不顾身。

一位旗兵将英兵拦腰抱住，从城墙上一起跳下……

一位旗兵指挥官用火绳枪向英军扫射后，连抱两个英兵，一起从城墙上摔了下去……

　　还有一个青州旗兵，他手持长矛，刺穿了一个攻上城墙的英兵，他还没有来得及拔出长矛，第二个英兵又上来了，于是他连矛带尸往前一戮，又把前来的英兵穿了个通心过。这下吓坏了其余的英兵。青州旗兵还想拔矛拼杀，几个英兵立即围上来用刺刀刺他，这位英雄才慢慢倒下……

　　一次又一次的拼死搏斗，噶喇身上负伤几十处，衣衫、头发、脸上、手上全部是血迹。他环顾四周，跟着他的兵勇估计也只剩下七八十人了，他们全身是血，满身是泥，已经和英夷拼了好几个时辰了。他再环顾周围之时，突然发现自己的女儿竟然也上来了，尽管她一身男装打扮，但是脸上仍然透露出稚嫩的秀气。

　　"英子，英子，你，你怎么来了？"

　　"爹，女儿也来助你一臂之力……"

　　英子正说着，一名不怀好意的英国士兵走上前去，像老鹰捉小鸡一样，从背后把英子的衣衫全部撕破了，红色的肚兜露了出来。雪白雪白的、润滑润滑的后背赤露了出来。那色鬼发出了"啊，啊"的赞叹之声。

　　英子动弹不得，她一边默默地忍受，一边耐心地等待，总会有反攻的时机。

　　那色鬼的手迅速地去扒英子的衣裤，他有些急不可耐，尤其是前胸贴着英子后背的时候，他如同着了魔一样……就在他感觉到舒适，或者更加欢快即将来临之时，他用尽全力想把英子翻身压住她。而手脚麻利的英子急转身用右手掐住了他的脖子，越掐越紧。那色鬼拼命地挣扎，手脚乱踢、乱抓。

　　英子瞪大了眼睛，似乎要把这名英国色鬼掐得断气，可他突然摸到了一根救命稻草——手枪套。他慢慢打开了手枪套，拿出手枪，准备射击。

　　"啊……"

　　那色鬼一阵惨叫过后，英子慢慢地脱离了他。原来她腿下还藏有一把小刀，专供应急时候用的。这一刀如同闪电，又快又准又狠。那色鬼拿枪的手慢慢五指伸开，手枪也掉在了地上。

"英子，英子……"

噶喇早就发现了这一切，立即大叫起来，想过去救女儿，可惜他又被两名英兵发现，搏斗中被砍了一刀，右肩汩汩流血。英子正准备过去营救，却听得"砰"的一声枪响，她的太阳穴流出了殷红的鲜血……

"英子，英子啊……"

城墙上响起了噶喇那悲恸欲绝的喊叫声，可是又有谁人能应？沙哑的悲怆声，穿透了整个镇江城。

噶喇擦了擦眼泪，擦拭了一下汗水，扎紧腰带，环顾四周，尸横遍野。英国军队已经占领了城头，而清军这边后方已经没有任何的支援，和他一起战斗的兄弟几乎全部阵亡，他彻底死心了。由于伤势严重，他慢慢地倒了下去……

"冲啊！"冲上城楼的叔得少将带领着刚刚上城的一部分英兵赶了上来，这是攻击北门的最后一支部队。叔得宣布："快把我们的旗帜插到最高处，我们胜利了，胜利了！"

一阵狂野的笑声，响彻了整个北门城楼。

"慢……"突然从尸体堆里面传来了这样的一个声音，让英兵大吃一惊，胆小的以为是诈尸，纷纷四散开来。很快，当他们看到一个满脸血浆，浑身泥水，三分像人，七分像鬼的"尸首"站了起来，吓得大气不敢喘一下。

"你，你到底是人，还是鬼？"叔得有些犹豫地问。

"你们这些洋鬼子，洋鬼子，把旗帜拿掉，旗帜拿掉！这里是中国人的地方！这里是中国人的领土！"

叔得这才发现眼前的是活生生的人，后来又认定了他便是守城将领噶喇，吓得大惊失色，连忙掏出了手枪。不过仔细看来，噶喇伤势严重，浑身是血，摇摇晃晃，仿佛一下子又要倒下，叔得这才轻松许多。

"噶喇将军，这儿原来是中国人的领土，但是你现在是败军之将，又有何资格谈论这是谁的地方？"

"呵呵，谁是败军之将？不是我，是你们。我们中国人民是永远打不败的。我死了，有我的儿子、孙子，就算我全家死了，也有我的同胞们……我们总有一天会把你们打败，把你们赶出中华神州……"

叔得狡诈地一笑，道："看来你还是不服输啊。那我们还是一刀一剑，来个一对一的决斗，如何？"

叔得得意扬扬地把枪插入枪套，活动了一下手和脚部，然后拔剑一挺，直直地朝噶喇刺来。

噶喇两眼放火，倚靠在城墙上和叔得决斗。他故意露出了一个破绽，趁对方一不留神，一刀砍到了叔得的右臂上，痛得叔得哇哇乱叫。狡猾的叔得摸出了手枪，"砰"的一声击中了噶喇的胸口，然后上前一步顺势一剑刺到了噶喇右胸上。

噶喇使出了最后的力气，在叔得刺中他右胸时，他的刀也刺中了叔得的左胸。叔得手下看到长官已有危险，不禁纷纷端起枪来，对着噶喇一阵扫射，他的身体被穿了无数的弹孔慢慢倒下……

第十六章　争夺巷战

　　经过两天两夜的血战，守城军民死伤惨重，很快东西城门相继被破，海龄只得把部将和士兵集中在北门城墙内部的万寿宫。

　　万寿宫始建于唐代肃宗年间，一直为道教活动场所，里面大部分建筑系砖木石结构，面阔三间，硬山式，正立面朝西，因有城门支撑，这里一度成了内城很好的防御场所。

　　海龄和镇江城几乎所有的将领全部聚集于此，准备商讨下一步的应对之策。大家有的站着，有的蹲着，有的坐在桌子上，有的甚至席地而坐。海龄自从守城激战之后，劳累过甚，又受了惊骇，加上风寒，咳嗽感冒，喉咙发哑，精神委顿，今日算是勉强莅会。这时他端坐在一把老式的太师椅上，竭力振作，慢慢地用嘶哑的声音说道：

　　"东门、西门虽然告急，但是镇江城仍然在我们手里。今日大家商议守城之事，我等必须振作精神，力阻英夷攻入……"

　　说到这里，海龄忍不住连连咳嗽几声，向地上吐了一口浓痰，轻轻摇摇头，而后大口喘着粗气。他这样的话本身就有毛病，镇江两门已被英国人攻破，再说什么告急，那是自欺欺人之言。镇江城虽然并未完全沦落，但是照此形势下去也撑不了多久，因此他说过之后，大家免不了一阵唉声叹气。

海龄见大家默不作声，继续说道："现在看来，英夷攻北门为虚，重点还是西门，唉，老夫上了大当……不过我已经向朝廷飞奏，请求派兵援救镇江，也给总督大人和巡抚大人发了十万火急的文书，请他们火速驰援，然而现在各路救兵毫无消息……"

说到两江总督牛鉴和新任江苏巡抚程矞采，马应山气就不打一处来，上前道："此等误国误民的奸臣，我们何必等他们的救助。我等凭借自己，为了上报朝廷，下救一城生灵，也得打退英夷，力保家园！"

"打退英夷，力保家园！"

听到马应山的号召之声，万寿宫的大殿上顿时响起了这样的口号。但是如此壮怀激烈的口号无用，再加上时间紧急，容不得喧嚣，只等大家喊了几句，海龄又道："不错，打退英夷是首要任务，只是我们如今只守着的这万寿宫，并非坚固城池，抑或关隘之口，又如何打退……"

说到要害之处，无人能够应答，海龄不免有些失望，他压制了内心的想法，准备和盘托出，忽然听见外边有一个兵士传禀："大人，骁骑校祥云大人来了！"

祥云是海龄跟前的人，足智多谋，日前还救了海龄的性命，于是大家听见这一传禀，索性都暂不发言，等待着他的到来。

李澄趁祥云还没有进来，对海龄说道："副都统大人说得很是，我们必须不惜肝脑涂地，保住镇江。以末将看来，要鼓励民心士气，加强万寿宫的守御，眼下最吃紧的是……"

他的话没有说完，祥云带着朱湘梅进来了，他们简单地向各位上官行了礼。海龄命他们赶快坐下，随即问道："你们巡视英夷的情况如何？"

祥云站起身来，拱手说道："各位大人，刚才我和朱姑娘去巡查，看到英夷已经由北门和西门进城，或许很快就会杀到此处来……"祥云没有理会大家的惊叹之声，继续说道："大人，看样子，镇江城真的守不住了。我们，我们得想方设法突围，突围而出啊……"

"突围？"海龄冷不丁站了起来，怒不可遏地想说什么，但是最终什么也没有说。他的耳边似乎响起了英夷的冲杀声，眼见百姓逃离失守，城内狼烟处处，自己却无能为力。他最终说了句："也罢，是得突围，百姓才有活路呀……"

马应山心里也有数，忙问："如此紧迫情势，如何让百姓安全突围？"

祥云想了想，道："英夷进了城，必然要经过万寿宫方能入街巷。百姓只能从南门而出，暂避润东、丹阳。我等在此可以设置一道防线，能拖一时便是一时。这也非长久之计，最终还得往街巷内，进行巷战……"

巷战那是面对面的肉搏，一对一的比拼。之前海龄与梁章钜在宗泽墓前会晤时曾经提过，这也是最后的办法。海龄又问："万寿宫此处的防守，能否有办法？"

祥云想了一下，道："万寿宫的城墙防御还是必不可少的，只是此处既无护城之河，又无一夫当关万夫莫开的险势，只得另想办法。我看到此处有士兵埋锅做饭，是否可以来一个'铁锅阵'。做饭之食物有诸多黄豆，抑或者可以用'黄豆阵'……"

说到这两个阵法，大家不免有些好奇，又有些怀疑，祥云立即解释道："英夷军官都是骑马入城，若是以铁锅倒扣路上，必能人仰马翻。而地上撒下的黄豆，也能让穿着皮靴的洋鬼子来个东倒西歪，我们好趁机攻打他们……"

祥云绘声绘色地讲起了两个阵法，大家不免都觉得有趣，而且可行性也较强。于是海龄朗声说道："此法甚好。大家便按骁骑校所言布置。不过马大人，万寿宫城防之事，还须你亲自过问……"

马应山应道："遵命。卑职必当尽心竭力。"

　　祥云刚想走，被海龄叫住："祥云，你且留下。布置阵法之事由李澄去完成，你和朱姑娘去南门，策应百姓出城。毕竟，毕竟无一可靠之人策应，老夫不放心那些大清子民呐……"

　　祥云想了一下，问道："那大人呢，是否一同前往？"

　　海龄摇摇手，道："不，我要在此守城。多守一时，百姓便多一刻生机啊。快去吧……"

　　紧急分工之后，马应山在万寿宫土墙上架起了抬枪，布置了两门大炮，城下李澄开始布置"铁锅阵""黄豆阵"，一些刀斧手很快埋伏好了，一队英国先遣队便已经过来。

　　这支英国军队的军官是海军少校哥林森，他还带了一个医生吉本斯，一大队人马先前入了城，想要找到镇江城内最值钱的宝贝。可是很快，哥林森的坐骑一声长嘶，马蹄踩住了铁锅打滑，很快又被地上的黄豆滑倒，这位少校被狠狠地摔在了地上。

　　哥林森顾不得自己，瞧见身边的医生吉本斯也滑倒在地，立即明白"清军真是狡猾狡猾的"，于是举起了手枪，朝着万寿宫枪"叭叭"几声，顿时身后的英军也积极响应起来了。只不过他们的硬底军靴踩进了清军布下的"黄豆阵"，英军没防备脚下的"硬碰硬"，硬鞋底踩在圆滚滚的黄豆上，不由自主滑得东倒西歪。

　　马应山指挥着城上的士兵迎战，李澄指挥着城下的士兵抵抗。近距离作战，刀对刀的血刃战，李澄和英军杀了几十个来回，他的手脚多处受伤，身上和额头全是血迹，已经分不清哪些是敌人的，哪些是自己的了。

　　"兄弟们，洋鬼子来了，为了我们的家人和百姓能够安全撤离，我们不能让洋鬼子前进一步，我们也不能后退一步！"

　　李澄拿着一把大刀，这刀是从圌山带过来的，还在圌山炮台的石基上磨了多次，在血雨腥风中擦拭过，今天他再次挥起，一刀刀让敌人毙命。

突然，他看到城头已经起火，马应山边指挥着一波人迎战，边指挥着另一波人撤退，他心痛欲绝，高喊："有哪位兄弟，能否拿壶酒来？"

很快，有一士兵上前，道："大人，这个时候怎么还喝酒？我们，我们还是走吧……"

"不，不，我不走。"他抓住了那士兵的衣领，仔细一看是一直跟随自己守城的马天赐，吼道："要走你们走，不过给老子先拿壶酒来！"

马天赐成亲以后离家到了圌山关，而后又参加了象山战役，还在北门、西门之战中尽心尽力，早已经从一个贪生怕死的年轻人成长为成熟的守城士兵。他目睹了英军的暴行，深感自己的上司李澄的大义，红着眼睛默默不语。很快，他拗不过，只得去找了一壶酒，还拿来了一个大碗，把酒倒满说："大人，请喝酒！"

李澄见此立即摔了那碗，把那壶酒抢在手里，道："要喝就这么喝。"说着仰头便把一壶酒灌入口中。他见马天赐还不走，道："马兄弟，你说我待你们如何？"

马天赐听闻此言，不禁哽咽道："大人待我们如同亲兄弟，甚至比嫡亲的还亲……"

李澄呵呵一笑，道："那好。我这有一锭金元宝，送你。还有一把宝刀，祖传的，削铁如泥，也送你了。不过，要记住，誓杀洋鬼子，守卫镇江城……"

正说着，两个英国士兵悄悄贴近。他们眼见一个魁梧的大汉正在独自饮酒，立即停下来呆住了。不过很快，那海军少校哥林森喊道："冲上去，给我抓住他！"于是，他们这才冲了过来，李澄一个扫堂腿，立即将他们踢倒。

很快，又有几个英国士兵冲了过来，他们手里端着来复枪，用枪头的刺刀扎向李澄。此刻李澄毫无惧色，怒目而视，待英军靠近，突然一纵身跃出圈外，手起刀落，从背后朝一个英国士兵的上半身斜劈下来。本来李澄便是一员虎将，武功好，力气大，又加上这些天的深仇大恨，这刀的力量可想而知，那英兵惨叫一声倒下。

好一个魁梧的李澄，没等身边的另外一个英国士兵回过神来，他向前又是一刀，把另外一个瘦长的黑鬼头砍了下来。头落地一滚，把其他的英国士兵震住了，他们"哇啦、哇啦"乱叫，没有一个人敢向前冲去。

哥林森圆眼怒睁，疯狂地吼叫道："谁给我上？哪个给我捉住了他，本将军重重有赏……"

李澄见自己成了对方的悬赏目标，哈哈大笑起来："哈哈，我是大清的京口水师副将，来来来，我来陪你们几个洋鬼子玩玩，接我几招！"

李澄的大刀闪闪发亮，他的眼睛炯炯发光，帽子掉了，他用嘴咬着自己的大辫子，形成了一个独特的大清武士造型，惊得英国士兵还是不敢靠前。

跟着哥林森一起而来的医生吉本斯见此情形，为了打破这僵持的局面，用生硬的中国话说道："这位中国好汉，你们几个人在这里拼命是没有用的。我们的人多，枪又厉害，而你们呢，人不是死了，就是跑了，更没有枪炮这样的武器。我劝你还是放下刀吧。我以一个治病救人的医生名义发誓，只要你放下你的刀，我在少校面前保证你不死！"

李澄听着这生硬的汉语，两眼显得更红了，他死死地盯住吉本斯，当听到要他放下大刀时，立即又被激怒了，他大声喊道："我们大清子民，威武不能屈服，没有一个会投降。"

说时迟，那时快，李澄刀一抢，一下子砍在了吉本斯的脖子上。刀出得那么快，让这位英国医生都不知道怎么回事，立即成了刀下之鬼。

李澄又是一跳，直逼哥林森。哥林森见对方来势凶猛，端起手枪"叭叭叭"连开三枪，都打在了李澄的胸前。顿时，汩汩的鲜血从内衣往外流出，李澄怒目而视，坚持不倒，他用生平最后之力，将刀一扔，不偏不倚甩向了哥林森。这位海军少校轻轻一闪，刀刺进了他左手臂。

"啊……"哥林森十分痛苦地大叫一声，顿时倒在地上。

英国士兵见上司中了刀，立即对着李澄开枪，这位英雄顿时手捂住伤口，慢慢地倒下了……

而哥林森刚刚叹了一口气，准备再次开枪发泄心头之气时，那拿着李澄刀的清军士兵马天赐却把刀插入了他的胸膛。哥林森顿时毙命，而勇敢的马天赐全身也很快被英国人打得全是筛子孔……

马应山最终敌不过英国军队的增援部队，很快发现万寿宫已经抵挡不住了，他看了看南门之处，听到喧嚣声渐止，便知百姓已经撤离出城。于是他指挥参将尚德，道："走，我们走吧！"

马应山的这个决定已经把此场战役推向了另外一个方向：巷战。巷战是在街巷之间逐街、逐屋进行的争夺战，发生的地点通常都是在城市或大型村庄内。其显著特点一是敌我短兵相接、贴身肉搏，残酷性大，二是敌我彼此混杂、犬牙交错，危险性强。但是也是城破之后唯一有效的战斗。

清军与进城英军进行逐街逐巷的战斗，异常激烈。在万寿宫旁的一条小街上，一支英军侦察小分队突然遭到袭击，被打死十一人，伤八人。正在向南门行进的英军，突遭一队旗兵阻击，死伤几十人，连司令巴加也险些丧命。不少街道两旁的房屋内也埋伏着清军，不时从屋内向街上行走的英军射击。一座桥下，聚集了一批英军，突然从桥上飞下一名旗兵，挥刀砍死两名英军……

在城门附近的一条小街上，英军十一人的侦查小组，被埋伏的清军袭击，死一人，伤八人。参将尚德在北门战斗中负伤，又跟着马应山参加了万寿宫守卫战，此刻他见英军冲到五条街时，忍痛举起了长矛，刺杀了数名英国士兵后，身中多枪而壮烈牺牲……

在城东范公桥侧，镶白旗马甲多庆以矮墙为掩护，埋伏于此，用鸟枪打死英军士兵多名。英军四处搜寻，捉住了多庆，多庆骂不绝口，最终被英军杀死……

英军还派出了十四人的增援小队企图肃清街道，有一个清军士兵手持大刀突然向英军的领军中尉砍来，中尉身旁一名英军用一支步枪将刀隔开，这个英军的大拇指全被刀锋削掉，中尉的军帽被刺穿，头皮也被削去了一块……

　　入夜，留城英军在房内休息时，也不断遭到袭击。街道两旁的房屋不时又有枪弹射出，在英国军营里不断有暗杀事件发生……

第十七章　海龄殉国

连日来海龄食不下咽，夜不能寐，不但眼眶深陷，脸色灰暗，而且头昏目眩，身体难以支撑。眼看城破之际，他不能倒下去对城中的一切撒手不管，也不能到副都统府的榻上睡一阵，他心里明白还有很多重要的事情要做。

在小校场的旗营帐篷内，他不知怎的骤然来了精神，带着一腔怒火，顿然间忘记疲惫，大踏步走出帐来。营外的将士重新看见了往日神采奕奕的副都统。但是当他听到祥云的报告，说万寿宫已经失守，李澄在城下刚刚战死，海龄刚刚鼓起的精神又塌下去了，连站立的力气也没有，颓然地坐到了帐前的台阶上，恨恨地长叹一声，喃喃自语：

"连李参将也为国捐躯了……"

他有些后悔刚才没有在万寿宫和李澄等一起抗敌，以为万寿宫还可以抵挡一阵子。生了一阵闷气，他感到身体不能支撑，便又回到了帐内，一把大刀轻轻放下，和衣躺在了榻上，勉强闭着眼睛休息。当帐内只剩下祥云一人之时，他睁开眼睛，轻轻吩咐：

"要是今日江宁那边有援军到来，你立刻将我唤醒……"

祥云知道海龄的意思，可是镇江城大部已经落入英国人之手，江宁那边已经忙着应付新一轮的紧急战备，如何还能分身来救此处？祥云还想说什么，但见海龄已经梦入酣处，便轻轻地退下。

帐外，朱湘梅问道："英军早晚会到此处，海龄大人此时酣睡，如何是好……"

祥云道："事已至此，还是让大人休息片刻。或许，事情能有转机，百姓也能有所期盼。"他沉吟了一下，又道："我们还是去加强防备，以防英国人打到这里。"

海龄一入睡就被噩梦缠绕，后来他又梦见自己跪在紫禁城的乾清宫内，眼前金銮宝殿上端坐着一个脸孔瘦瘦、神态和平而有福泽的中年人。这个人海龄曾经见过，便是当朝的道光皇帝。他十分害怕，浑身打战，伏地叩头，哭着说道：

"皇上，皇上啊，末将无能，无福无德，不足以守卫镇江。英夷眼看就要破城，百姓流离，末将无面目见皇上，愧对国家社稷。现已决定身殉社稷，以谢祖宗，以谢天下……"

道光帝高坐在皇帝宝座上，长叹一声，呼唤着他的名字说道："海龄，你是郭络罗姓氏，满洲镶白旗人，郭络罗·格思特、镇南将军勒贝、郭络罗·佛喀，皆是你家族之英雄，皆是你家族旗下的名将，他们是何等的英雄，都不惧一死，又有谁惧死？"

海龄哭道："皇上请明示，下官如何而为，镇江失守，又有何面目苟活？"

道光帝道："何不找到机会，逃出去，再作定论。倘若逃不出去，宰杀一个敌人也够本了，杀两个那也算是赚了，再自尽殉国也不晚呐……"

"那，那如何逃出去？又如何杀敌……"

海龄俯地片刻，道光皇帝没有回答。他大胆地抬起头来，但见高高的宝座上烟雾氤氲，皇帝的容貌渐渐模糊，最后只剩下灰色的、不住浮动的一团烟雾，从烟雾中传出来一声叹息。

海龄忍不住放声痛哭起来。

有侍卫听到哭声，进得帐来，连声呼唤："大人！大人！……"

海龄醒来，但还没有全醒，不清楚是自己哭醒，还是被人唤醒。他茫然睁开眼睛，看见有侍卫站在榻边，不觉脱口而出："我，我梦见了皇上了，梦见皇上了……"

那侍卫没有来得及说什么，很快帐外又来了一个侍卫，叫道："大人，大人，大事不好，你赶快醒醒！"

海龄猛然睁大眼睛，惊慌地问："什么事，什么事，快说！快说！"

那侍卫声音打战地说："大人，英国洋鬼子已经聚队完成，一大路人马正往此处而来。骁骑校大人、朱女侠正在旗营外，伺机行动……"

海龄未等听完，猛地站起身来，拿着榻前的大刀，扬手说了一句："走！"和众侍卫已经来到了旗营门外。

祥云、朱湘梅已经开始和英国人进行战斗了，他们带领一小队人马埋伏在狭窄小道的两边，英国人的先头部队刚刚到来，便被清兵击中了好几个。

祥云毕竟是天理教义军出身，练得一身好武功，而且箭法百发百中，英国人吃了他不少苦头，他左闪右避，让英国人捉摸不透。

朱湘梅毕竟是一个纤弱女子，射杀的时候不敢踩那满地英国人的尸体以及那些血水积成的水洼，等她赶到祥云身旁的时候，这位英勇的骁骑校已经连杀了好几个敌人。她见到此，微微一笑道："大人，杀敌也不等我！"于是一个英国士兵立即成了她的刀下亡魂。

在江面之上，在攻城之时，英国人凭借着坚船利炮以及先进的攻击武器，占尽了先机，一度气势如虹。只是进入城内，英国人见到复杂的街市和巷子，再加上连续作战的节奏，渐渐有了些颓势。

朱湘梅看到祥云杀敌后，一度仍然隐藏在狭小的巷内，于是便大声责问道："大人如何不冲出去，你们难不成不如我一个女儿身……"

还没说完，一支冷箭"嗖"地射了过来，朱湘梅没有反应过来，反而祥云不声不响地把她拉开，身子一转，那箭不偏不倚射在他的右肩膀。

朱湘梅大叫一声："啊，大哥……"

祥云把长发绾住，绕在肩膀之上，末端一截咬在嘴上，冷不丁地把箭拔了出来。没等朱湘梅反应过来，又在袍下撕了一块布，三两下缠住伤口，止住了鲜血，这才缓缓地说道："危险，要注意！"

朱湘梅这才觉得形势真正可怕，认真地点点头。

清军将士在巷子的各个角落，楼房窗户、墙角、横巷处，依据复杂的地形向外面不断地发射冷箭，给英国人造成了相当大的损伤。

英国人不得不慢慢停顿下来，缓了又缓，蜗牛般地向前。他们利用火枪那精准的瞄准器，把清军的据点一个个慢慢击垮，再一步步艰难地推进。

一个英国士兵刚刚从一个狭长的巷子中慢慢探出头来，被朱湘梅看到了。她刚想拉弓搭箭，就看到身边一个阵亡的清军士兵手上的抬枪，于是轻轻放下弓箭，把抬枪端在手上，等那人再慢慢靠近，立即扣动扳机，那人的头骨被打穿，瞬间倒地不再动弹。

朱湘梅微微一笑，显然从刚刚紧张的情绪之中缓了过来。

一两个英兵的死伤，对于大局根本于事无补。英国人的军队源源不断地杀入城内，连郭富和江长峰也进了城，他们都在璞鼎查跟前许下了承诺，要亲自拿到海龄的人头，为死去的大英帝国的勇士们报仇。

江长峰带领的一小队人马从一条主要街道横插过来，他的目的十分明确，不在旗营恋战，而是占领副都统府，活捉海龄。而好大喜功的郭富则冲在了最前面，想要占领镇江城的每一寸土地，让东方之城成为他的领地。

在街道两旁看似没有人的房屋里，等这些英国士兵靠近时，又突然射出枪弹，或是箭、长矛等原始武器，往往是领头的士兵被击中，非死即伤，给他们造成了不小的负担。

江长峰有些不分身份，转身命令郭富，道："将军，立即用火炮将这些给炸掉！"

郭富一时没有反应过来，说了句"是"，命令手下开了两炮，立即叫停，道："江大人，你是我国的客人，你无权命令我这个司令替你来放炮吧？"

江长峰这才意识到一时失言，道："是的，是的。司令，你应该命令我才对！"

郭富这才消了气，又立即命令开炮。可是镇江城中高矮房子成千上万，就算炮击也不可能一时全部击毁。

江长峰看清形势，立即说道："古人云，射人先射马，擒贼先擒王。我去找那海龄，你们继续射击……"没等郭富回答，他一跃身便飞奔而去。

旗营后面是一条笔直的街道，连接着一座通往副都统府的大桥，这里也是清军将士防守的重点地带。不过在英国人凌厉的攻势下，坚固的防线被一层层撕开，一步步瓦解。

在街道中央有一条由木箱垒筑成的圆形的掩体，那后面竟然驾着一门火炮。火炮架在了那几只木箱上面，森严的炮口直直地对着大街。

在木箱垒成的掩体内，身染鲜血的海龄手持火把，观察着街道的形势。只要看到有英国人过来，他便不慌不忙地点燃炮捻。须臾，炮弹在街道上爆炸，飞溅的弹片和碎石给英国军队造成了相当惨重的损伤。

突然，英国军队的一发炮弹"嘶"地冒着长长的尾焰飞向掩体，幸有木箱遮挡，没有击中里面的人。尽管没有穿过厚厚的掩体堆，却把一些木箱炸得稀巴烂，木箱没有了，后面的海龄等将士完全暴露在敌方的眼前。

既然已经暴露，干脆堂堂正正出现，海龄一跃站到了一只木箱之上，挥着大刀，环顾四周士兵说道："当年乾隆爷下江南临镇江，早已经认定我镇江将士忠勇无比，如今形势虽然逼人，但是我们誓与英夷拼死到底！"

"拼死到底！拼死到底！"将士们喊声响彻云霄。

海龄猛地割下一段头发，道："我镇江将士，宁可自杀，决不投降！"

"宁可自杀，决不投降！"

"宁可自杀，决不投降！"

……

海龄和将士们正奋力杀敌，祥云和朱湘梅赶到，大喊一声："大人！我们来也！"

海龄一见是他们，哈哈一笑："你们来得正好，快快随我一起杀敌！"

祥云见海龄恋战，忙提醒道："英夷快占了旗营，马上就到副都统府了，夫人和公子还在府内吧。大人，我们快回府吧……"

海龄一听，忙想到这几日奋力抗敌，疏导百姓出城避祸，却已然忘记了自己的夫人郁兰和儿子宜琛泰还在府内。以夫人倔强之性格，断然不肯先行远走，海龄想到这，立即应道："好，我们回府去吧！"

海龄和祥云、朱湘梅等朝着副都统府奔去，这时旗营那边的喊杀声更紧密了。不到半个时辰，英国人攻破了旗营部，可是战斗并没有停止，清兵在营中继续抵抗。尽管他们又饥饿又疲乏，但是谁都不愿向英国人投降，也不愿白白地就被英国人杀死。

英国人当初进镇江城之后就到处传呼："投降的一律不杀！"可是镇江军民没有人理会，到处都有零星的抵抗。在十字路口混战得更厉害，那是通往副都统府的必经之路。许多清军将士为了保护海龄和他的府邸，都往十字路口奔去。没有人出来指挥，也没有人发出号召，大家完全是自发地向那里奔跑，所以人愈聚愈多，在那里发生了出乎英国人意料的猛烈厮杀。

海龄等冲入了副都统府内，前堂没人，后堂也没人，海龄想了一下，说道："去书房。"

黄昏时分，残阳如血，给整个府邸涂上一层使人心醉又叫人感到沉重的暗红色。海龄喘着粗气，穿过后院的一个小花园，很快抵达书房外，叮叮咚咚的琴声伴着晚香玉的甜香，随风飘来。

海龄没进门，远远地就喊："夫人，夫人……"

海龄兴奋地加快了步子。琴声悠扬，真美啊！

突然，铿铿锵锵，琴声震响，清越奋迅，慷慨激昂，仿佛天边雷暴，头顶电闪，狂风骤雨即将来临，使海龄惊愕之极。他想象不到，丝弦古琴居然能奏出这样昂扬的曲调。他也无法相信，这种大江东去似的琴音，能从夫人郁兰那纤指下进出。

海龄赶紧往前冲了几步，未到门前，屋里"砰"的一声响，仿佛什么沉重的东西砸在琴上。琴声断了，代之而起的，是悲痛欲绝的凄婉哭声：呜呜咽咽，若断若续，比号啕大哭更加令人心酸。

海龄紧张异常，大步闯进内堂，只见北墙上，一横卷《风雨江山图》端端正正张着，画下一张供桌，放着些瓜果和一鼎香炉。供桌前是矮而长的漆黑的琴桌，张着夫人最心爱的古琴——"风影"，郁兰端坐在木凳上。仔细一看，哭出声的并不是郁兰，而是跪在她旁边托着银盘送药盅的婢女银影。药盅已经打碎在地，银影哭得跟泪人儿一样了。

再看郁兰，她的脸上已被炮火的硝烟熏得黑一块白一块，臂上还有一处箭伤，可是她的眼睛还是那么有神。尽管白眼球布满了血丝，但那一脸愤怒和冷静的神气却没有被疲倦和劳累所掩盖。她的头发又浓又密，只是有一处被炮火烧去了一绺。绵甲也破了，一只袖子还沾染了些血迹。

郁兰见有人进门，瞟过之后才知是海龄，立即站起身来，喊了声："老爷！"

海龄有些心疼，炮火的硝烟已经沾染到自己的家人，而作为最高军事统帅的他却无能为力。他不禁有些埋怨地说道："夫人，夫人呐，你们怎么还在此处，怎么还没有离开镇江城呀……"

郁兰站起身来，朗声说道："老爷为民守城，为国尽忠，我岂能独自逃离，舍弃你而不顾？"

海龄不觉心中一阵刺疼，不禁以袖掩面，呜咽出声。

海龄想了一下，又问："宜琛泰在何处？"

郁兰道："老爷放心，儿子已由乡人带出镇江城，暂且无恙。他还小，不应受这破城之苦，而妾身定随老爷，誓死殉城……"说到此处，不觉眼泪汩汩而出。

海龄见孩子已有所托，夫人也有和自己同样的决心，不禁说道："你我皆为大清子民，为大清而死，为皇上而亡，那是万民所仰。断不可苟且偷生，更不可死于外夷之手，你我皆殉城，也是死得其所……"

祥云见海龄决心以死殉城，忙道："大人，南门尚在我方之手，我们现在就走的话，还可以出得城去。谋得暂且喘气之时，再作打算。"

朱湘梅也劝道："大人，公子爷还小，寄养给外人总归不是个事，还需你们父母培育，方得成才啊……"

海龄轻轻地摇摇手，道："我已决定身殉社稷，再也不作他想……"

郁兰不知什么时候已经手持一支火把，轻轻地朝着房内扔了进去，说道："事已至此，请各位不必相劝。老爷，还请速做焚府的准备，到时候老爷携妾身慷慨赴火，以殉社稷，使千秋后世知老爷为英烈之臣……"

没多久书房内火光冲天，海龄看着夫人快步跨入，婢女银影紧随其后。他无比悲痛却哭不出声来，只能暗自垂泪。

正在忧伤之时，一把长长的大刀直朝海龄的头顶挥来，悲观绝望的海龄没有察觉，反倒是祥云警惕性高，他横举宝刀，用力一推，把耍刀的汉子挡了回去。而后祥云手腕一转，向那汉子小腹横刀砍去。怎料此人轻功了得，轻轻一跃，跳到祥云身后，稳稳落地。

对方哈哈大笑："哈哈，多日不见，武功还是不俗。我这个骁骑校让你当了多日，官瘾也过足了吧？"

海龄、祥云等定睛一看，大吃一惊："是你！"

　　来人正是江长峰。当日他为给英国人做奸细，摧毁了育婴洲的炮台，被海龄、祥云识破了奸计，此刻对他们恨之入骨。眼见英国人即将完全占领镇江，他便伺机找到海龄报仇，没想到祥云竟也还在。他哈哈一笑："真是天助我也，你们都在此处，免得我苦苦寻觅啊。"

　　祥云满目愤怒，道："江长峰，你这个狗汉奸，杀我军民，毁我炮台，坏事做尽，人人得而诛之。你今日送上门来，可真是找死了！"

　　江长峰哈哈大笑："是谁找死，也要看到最后了。识时务者为俊杰，你们若是放下武器，乖乖地投降，我向大英帝国的璞鼎查爵士求情，或许饶你们不死。倘若执迷不悟，留个全尸估计也无可能啊。"

　　"放肆！"

　　祥云气得眼珠直瞪，他大喊一声，立即挥刀向江长峰的小腿刺去。江长峰一转身，持刀由下往上一挑，躲开祥云的刀，刀锋忽地转而向祥云脖颈挥去。祥云不慌不忙，不断转动手腕，架开又快又狠的刀，并不断向后退步。江长峰察觉对手内功深厚，持刀的虎口被震得发麻。旁人看了只以为是江长峰在进攻，实际上他却连接招都有些手忙脚乱。

　　祥云占据上风，大喊一声"看招"，挥舞大刀又是步步紧逼，"五招之内，江长峰必败"，祥云在内心独自暗语，不过五招很快过去，对方虽处劣势，依然奋力迎战，祥云不免内心有些焦急，又用力挥刀，加快了进逼的步伐。

　　江长峰貌似招架不住，已经被逼退到墙边角落，他强壮的身躯也缩成一团，仿佛就要败下阵来。祥云有些轻敌，他呵呵一笑，再次抡刀砍下去之时，突然腹部中一剑。血，瞬时从口中喷了出来。

　　祥云痛苦地"啊"了一声，只可惜这声音瞬时就被风吹着树叶的沙沙之声给淹没了。

　　原来狡猾的江长峰佯装败阵，蜷缩在墙角，只是他蹲下一转身，来了一个"回马剑"，祥云不知晓此招，身上多了一个窟窿。

　　"公子……"

朱湘梅看到祥云中招，奔上前去解放祥云。江长峰立时全身戒备，死死地盯着对方。只见他把带血的剑横在脸前，一声刀响，戛然划破了寂静。

厮杀再次开始，长空中只见长刀挥动，迸射出夺目的凶光。

朱湘梅本是女儿之身，力气不大，几招下来体力完全跟不上。可当江长峰再一次进攻祥云之时，也不知道她哪来的力气，甩开一直紧握的包袱，冲到了祥云的面前阻挡江长峰的进攻。对她来说，现在祥云是自己的希望，无论如何都不能看着祥云出事。

血顺着祥云的手滴在泥地之上，渐渐地积成一小摊。祥云握刀的手都不稳了，却依旧坚持着，因为他知道，自己是无论如何都不能出事的。

江长峰哈哈大笑，想最后一剑结果了祥云，可不想此刻"啪"的一声枪响，他手握住的剑顿时掉在了地上。而后，他慢慢地倒下了……

终于，地上多了一具邪恶的尸体。

海龄握着的这把火枪口上，泛起了一阵浓烈的火药味。

祥云见是海龄救了自己，大喊一声："大人……"只见海龄放下枪来，从容地走进了书房，将那未烧尽的书，一本一本地扔进了火堆。

祥云看着海龄在烧书籍和公文，眼见大人求死心切，于是便又大声呼道："大人，大人，不要啊……"朱湘梅也急得不行，一边喊着海龄"大人，大人"，一边又对祥云说着："你的胸口有伤，不要再喊了……"

海龄听着他们的呼唤，只是轻轻地转过头来，而后挥挥手，毅然走入了火海。海龄没有一声痛苦的喊叫，只是在变成了一个火人之后，重重地跌倒在地，永远永远地没有再站起来……

"大人！大人！"

祥云、朱湘梅等人的喊叫声如雷响，可再也唤不起一个民族英雄。海龄在镇江之战中坚持抗战，不屈从权贵，以身殉国，连英国侵华全权代表璞鼎查也赞叹不已：

"像他这样为国牺牲的人，可以称为英雄，还可以当作神来祭祀。"

而那边仍然在奋起反抗的旗兵们号啕恸哭："天呐……大人丢下了我们，这是作的什么孽啊……"

一阵雷声响过之后，没有人再听到兵士们的哀鸣，只有一场肆意的夏雨，仿佛苍天悲情的眼泪，整夜未息。

第十八章　镇江英魂

北京，紫禁城。

紫禁城的白天，总有那些络绎不绝的宫女、太监熙攘在这座威严无比的皇城内部和周围，满眼充斥的是那些永无尽头的人流，满耳充斥的是这些人流所制造的各种繁华之声。而入夜后，这座帝王的家园则陷入了深深的沉寂，在永恒的庄严肃穆中，更显现出浓重的神秘感。

夜幕下的紫禁城初露曙光，道光皇帝旻宁在龙床上翻来覆去，几乎一夜未睡。一想到英国人兵临镇江城下，随时进占镇江，便觉得自己对不起列祖列宗。如何收拾残局，能够让英夷罢兵，也是各抒己见，宫内大臣主战的甚少，主和的颇多，可毕竟镇江也是大清帝国版图上的一块，如果真被占据了，那简直是割了皇帝心头的一块肉……想到此处，他立即翻身起床，命令太监拿来近日的奏折，翻了起来。

翻到的奏折是镇江知府祥麟奏报焦山之战的实情，当最后看到焦山守军殉国，英夷登陆此岸，他立即站起身来，站到了悬挂着的大清帝国

187

地图面前，可惜镇江在偌大的地图上根本只是一个小黑点，无从看到，于是他又喊道："穆彰阿，穆彰阿呢？"

身边的两个小太监面面相觑，那个瘦小的解释道："回皇上，天色已晚，已是半夜时分，穆中堂此刻定在府上休息了……"

"混账！"道光皇帝手一扬，把折子摔在了地上，"镇江城危在旦夕，他如何还有心思睡觉？还有一点忧国忧民之心吗？"

两个小太监看到皇帝发怒，立即跪下，战战兢兢地说："奴才该死！奴才该死！那奴才，奴才这就去请穆中堂……"

道光皇帝"哼"了一下，说道："去，去，还不快去……"

两个太监刚刚出门，很快便又有一个小太监进来跪下禀报："皇上，穆中堂已在外面候见。"

"快宣！"

当老迈衰弱的穆彰阿迈着蹒跚的脚步进来，道光皇帝看出了他的病态，尤其是从他那一阵阵咳嗽声中听出，眼前的这位军机大臣是那么衰老，那么可怜。

"臣穆彰阿恭请圣安！"

道光皇帝看着他父亲的宠臣，尤其是为了战事尽心尽力的老臣，是这样的一种状态，心里想着，"也该好好歇歇了"。

见道光皇帝没有作声，穆彰阿又喊了一句："皇上！"

"穆彰阿……"

"臣在！"

"朕，朕本想召你……你入见，你为何自行前来啊……"

穆彰阿见皇帝问到此处，立即俯身在地："皇上，皇上啊，南方兵祸，祸至镇江啊。我大清国的镇江城，镇江城已经……"

"已经怎么样了？"

穆彰阿叹了一口气，大声号哭："已经，已经失守了……"

道光皇帝气得将茶杯摔在地上，重重地坐在龙椅上，听着穆彰阿的汇报：

"皇上，此乃两江总督牛鉴刚刚送来的最新紧急奏报：道光二十二年七月二十一日，英夷从镇江城外分三路进攻，约有七千余人，围困城池，镇臣已经进城保守。只因敌众我寡，英夷势甚猖獗，后方兵力欠缺，攻剿未果，城池陷落……"

镇江城的地理位置突出，作用明显，英夷沿着长江流域进犯，首战便占领了镇江，接下来便是两江总督府所在地江宁。如长此以往下去，势必影响江南之大局。

许久，道光皇帝怒问："那镇江守城将领，海龄，海龄呢？"

穆彰阿道："京口副都统海龄不听指挥，虽力抗英夷，却因盲目搜查汉奸，妄杀无辜，被民众包围。他炮击民众，被民众愤怒而击毙。而后英夷趁势攻占了镇江……"

"该死！该死！这海龄死有余辜！"

道光皇帝悲痛无比，眼泪无声地流出来了。他望着外面，一点点灯笼的亮光勉强支撑烂漫的黑色，靡丽却透出一丝无力。

天微微亮，早晨在乾清宫内，镇江之战的战报一一奏报而来，尤其是对英国人攻占镇江后的一些禽兽野蛮行径，大臣们奏报时哭声震天。

"……臣奏报，英国人损失仅数百人，他们为此进行了报复，在劫城之时大肆屠杀，采取极端而残酷的手段……"

"下官奏报，英夷进入镇江城，凡驻防之民，无少长男妇，皆屠之。下官曾到现场，一片恐怖凄凉之景象，繁华之城变得荒凉不堪。城垒之上、街道之间，处处皆有死去之军民……"

"奏报皇上，镇江军民不甘受辱而自杀、投井、上吊、自焚的男女老幼不计其数。有一户人家，全家八十余口，无一人幸免……"

"启奏皇上，镇江城实在惨烈无比啊，据称有邻居者左右相约，同时自尽，甚至一根绳上同时系着两人之喉颈。水井和池塘里塞满了尸体，骸骨混淆，且多零落不全，沉池泮者，巨鱼攒食状尤惨……"

......

一封封有关镇江城惨烈的奏报回响在乾清宫上空，道光皇帝的心揪在了一起，当协办大学士伊里布想继续奏报的时候，他一下子打断了：

"罢了，别再念下去了。镇江之城惨状不必言表，守城之责也暂且不论，如今英夷侵占镇江，而后便是江宁，众卿家看如何收拾此等残局，如何善后？"

很快朝堂之上出现了两派，一派以穆彰阿、伊里布为首的主和派，一派以鸿胪寺卿黄爵滋、东阁大学士王鼎为首的主战派，他们各自痛斥对方的观点，总想说服对方。在道光皇帝正犹豫之时，钦差大臣耆英奏报：

"镇江已现天理教之匪徒，以期待皇上重视。有必要时，剿之……"

道光皇帝彻底慌了，立即宣布退朝，之后把穆彰阿召至养心殿内，道："穆彰阿，即刻密令大学士伊里布、钦差大臣耆英等立赴镇江城，设法羁縻，尔等必须对英夷便宜行事，务须妥速办理。"

穆彰阿跪下道："嗻。"而后又抬头问："皇上，若是有重大军情、国事需要立即妥办，那该如何是好？"

道光皇帝想了一下，道："那朕再授予他们专意议抚之权，只要与英夷和谈相关事宜，抚顺夷情，委曲办理！"

穆彰阿又"嗻"了一下，道："皇上，据之前牛鉴、耆英所奏报，英夷提出的索赔条件，不过是赏给通商码头，让其与我大清朝贸易通商而已，绝无动摇我大清根基之意。皇上圣明，此次定可妥办，了却皇上心思……"

道光皇帝摆摆手："罢了，罢了，不管如何办理，只要不丢我大清国之脸面就可了。你速速去办差吧。"

"嗻！"

沉吟一下，道光皇帝又道："着令东阁大学士王鼎赶赴镇江，查实海龄守城之责。若果真不听指挥，扰乱军民抗英夷，定要追责。人虽死矣，当定罪连其家人。"

穆彰阿"嗻"的一下起身，告辞出了养心殿。

伊里布、耆英奉旨赶赴江宁，与先一步到达江宁下关码头的璞鼎查进行了会晤，初步达成了停战协定，继续商定和谈条约。而调查海龄案的东阁大学士王鼎，此刻也进入了镇江城内。王鼎之前来过繁华的古城，而这次来却看到被英夷烧毁的官署、军营、兵工厂，还有那焚毁的民居和商店，不禁悲痛落泪。

王鼎已经七十四岁，历任翰林院庶吉士、编修、侍讲学士、侍读学士，礼、户、吏、工、刑等部侍郎，户部尚书、河南巡抚、直隶总督、军机大臣、东阁大学士。也曾改革河务、盐政、平反冤狱，颇有政绩。对于英国人的态度，他力主抵抗到底，痛斥和谈。当接到密旨到镇江调查海龄一案，心潮澎湃。他想到镇江一城，城池坚固，倘若海龄真是尽心尽力守城，又何至如此？当看到镇江城惨状，对海龄更添一份恨意。

王鼎走在镇江城的街头，看到被战火洗礼过的镇江城，断垣残壁，满目疮痍不禁泪中沉吟：

各家铺户尽遭殃，惨极油麻杂货行。
火焰冲天烧不断，也兼糟典与糖坊。
西门一带更凄凉，大厦高楼变火场。
只见沿途堆瓦砾，难分巷口在何方。

王鼎让随从记下，道："就叫《镇城惨劫词》吧。我定要上奏皇上，为镇江的百姓免除徭役三年，以示体恤。"

再往前走一段路，到了旗营小巷，只见几个妇女尸首，仰面倒地，无不散发赤体。王鼎闭目而言："快，快把她们妥为安葬了吧。"

手下几个随从很快去处理女尸，他又向前走去，突然听到一阵惨烈

191

的呼喊声，是一个女子的声音，撕心裂肺的。王鼎快步而前，在一座空房前停下脚步，扯开窗户纸往里面一看，他大吃一惊，单见三个着英国军人服装的士兵，正在对一名女子动粗。

那女子只有十八九岁，在三个强盗的淫威下，躲到了墙角里。

王鼎气愤不已，推门而入："住手！"

三名英国士兵见人进来，先是大吃一惊，而后看到是一名头发花白的老者，不禁相视一笑，继而拿着刀走向王鼎。王鼎暗自着急，手下随从刚去处理女尸，自己是个文臣，手无缚鸡之力，又如何拯救一名女子。

一个英国士兵奸笑着，用不太熟练的中国话说道："你个老头，谁让你多管闲事的？"

另外两个也哈哈大笑起来。

王鼎慢慢往后退，心中暗暗焦急，想着随从赶紧过来。

突然，有一人闪入房内，那男子慢慢拔出佩剑，眼神也变得专注起来。只见他剑指三名英国士兵，膝盖微曲，突然左脚向后猛力一瞪，身子便飞速向前跃去，眨眼间便到第一名士兵眼前，剑尖刺向其胸口。

另外两名士兵见同伙瞬间被击毙，叽叽哇哇地说着英文，端着洋枪准备放枪。在这千钧一发之际，那男子从容不迫，右脚向左撤一小步，左手横剑隔开对方一人的洋枪，右手一掌直击他胸口，这名士兵立即被男子掌力震开，而后男子随即右掌拿剑，左掌挥出，"砰"的一声，另一人也被男子掌力震开。

两名英国士兵见势不妙，立即匆匆放了两枪，夺门而逃。

见危险已经解除，王鼎拱手而谢："多谢壮士相救！"

那男子正是骁骑校祥云，他拱手回礼道："不用客气。路见不平拔刀相助，是我应该做的。只可惜外敌当前，我们军民抵挡不了，才有此惨劫。"

王鼎道："确实，不然此女子也不会受此凌辱了……"

正在这时，几名下属赶到，看到刚刚发生了一场武斗，立即问："大人，大人，没事吧，有没有受伤？"

王鼎摇摇头，道："没事。"

祥云道："大人？他们喊你大人，莫非你是朝廷之人？"

王鼎点头道："老夫正是当朝东阁大学士王鼎，此番是奉皇上的旨意，前来调查镇江城失守一事……"

"哼……"祥云愤恨地说，"要是朝廷早些派些援兵，镇江城何至如此啊？"

王鼎道："朝廷已经调拨了青州旗兵过来协防，那京口副都统海龄还有旗兵，若不是他轻敌，炮击民众，让民众杀死，又何故如此？"

"什么？"祥云大呼一声，用力甩剑直刺入门楣，"何以有这种谣言，海龄大人尽心尽责，鞠躬尽瘁，为镇江城的防卫流尽了最后一滴血，最终他和夫人投火而亡，怎么会有人造谣？"

王鼎听闻此言，大惊："你是何人，怎么深知海龄之事，如何得知他自焚而亡？"

祥云哈哈大笑："大人不愧是京城来的京官啊！在镇江城，何人不知，何人不晓，我祥云是海龄大人的骁骑校，我和大人一起抵抗英夷，一齐杀敌守城，又是最后目睹他投火殉国，怎么还有人造谣，说他妄杀民众，最终让民众杀死？"

王鼎"哦"了一声，沉默一会儿，忙问："可有证据？"

祥云指着天地道："天地，日月，我以及那成千上万的守城士兵、百姓，谁人不知，谁人不晓，我又何须骗你？"

王鼎一时语塞。

祥云又道："此旗营后面便是副都统府，海龄大人遗骸便在此处。他家的仆婢、侍卫也可作证，他是如何殉国而亡的。"

王鼎见此一说，忙道："好，好，老夫想去一见，麻烦壮士带路！"

穿过小巷，很快到了副都统府，只见门口布置了一片庄严的白色，踏进门内，素幔白帏，香烟缭绕，十分庄严肃穆。中间的牌位上金字闪亮，上书"镇江英烈海龄之位"，桌上有些苹果、馒头之类的供品，放有一鼎香炉和一盏油灯。香炉里插着三根线香，袅袅青烟缭绕在空荡的屋子里。油灯的棉线灯芯燃起昏黄的光，忽明忽暗，仿佛极力要在生命燃尽之前给世界留下一点光明。

王鼎朝海龄之牌位行了大礼，早有侍卫捧过一樽酒，他双手擎起朝天一捧，轻酹灵前，礼成起身，安抚哭得最深的一位，道："节哀顺变，请问你是海龄大人……"

那男子端坐在木椅上，见有人前来也没有站起身来。他没有作声，倒是祥云介绍起来："他是大人的内侄康禄，尽管侥幸逃得一命，但还是被英夷打断了双腿，以致大人入土也无法前往送行。"

王鼎点点头，又问："那海龄大人到底，如何……"

康禄哭着解释道："我叔父大人为国尽忠，最后投火而亡。我和他们一起在灰烬中寻得叔父之尸骨……"

祥云拿了一份签供单，道："不仅如此，这是镇江多名绅保，以及一百零九名青州满营官兵的签供，海龄大人力抗英夷，可谓九死一生。他也确实是在镇江失守后，于内署自焚而死的，并非被民众所杀害……"

王鼎拿了签供单在手，不禁潸然泪下："副都统，我们误解你了……"沉默许久，又问："刚你们说海龄大人已经入土？"

祥云道："大人的灵柩应该刚出城吧，找一僻静处，让大人在此安息吧。"

王鼎道："我们再与英雄见上一面，以遂了老夫的心愿吧。"

众人出得城来，只见水边一片芦苇，残阳下飞絮乱舞，再走一程，眼前尽是乱坟。

忽听一群人在边唱边哭，唱的却是悲伤的悼歌。王鼎上前一问："你们悲悼谁啊？"一个老年人抬起头来，脸上泪水纵横，道："我们悼念海龄大人！"

王鼎惊问："海龄大人葬在这里吗？"

那老人指着一座黄土未干的新坟，道："就在这里。"

祥云流下泪来，道："我们的英雄大人不能草草地葬在这里！"

王鼎道："不错，海龄是名副其实的英雄人物，必定要树碑立传，以传后世，岂可草草了事？"

祥云点头道："正是。"

那老人问："你们是？"

祥云介绍道："这位是朝中王大人，我是海龄大人身边的祥云。"

另一个老人叫了起来："啊，你是骁骑校祥云。"

众人准备把坟墓刨开，撬起石块，为海龄重新选择一块福地安葬。王鼎想了又想，最后还是拦住了大家："已经入土为安，我们就不要打扰大人了吧。"

祥云想想也是，又忙道："那请王大人为海龄大人写几句铭文吧。"

王鼎想了想，道："铭文就让镇江人写吧，我与海龄大人素昧平生，但是从大家爱戴之意能够看出他的伟岸。"他命随从取出文房四宝，道："我为海龄大人殉国后蒙冤感觉到遗憾，便留下此诗吧！"

王鼎提笔蘸墨，略一沉吟，写下一诗：

　　海门惨淡结冤云，故垒何堪问战勋？
　　认取征袍余烬在，终能勉死谢三军！

王鼎伫立良久，直至夜幕降临，对着海龄最后一拜后，才连骑向北而去。

尾声

　　镇江城的江对岸也是一座千年古城——扬州。梁章钜和家人一进入这座城市，便感觉到这里的古朴沉厚，城里亭台楼阁、雕梁画榭举目皆是。绿杨似锦、游人如织更使他领略到扬州的温婉繁华。

　　扬州自隋朝以来一千多年间，屡遭劫难，比起杭州、苏州，它受到的蹂躏更多，一句"断肠春色似扬州"足已见证那份饱受摧残的伤感。但是江对岸的镇江城呢，眼前刚刚惨遭蹂躏，如何慢慢修复伤疤？也许时间是治疗历史创伤的良药，经过几十年的恢复发展，昔日的锦绣壮美、繁华绮丽将再现镇江。

　　盛世镇江，指日可待。而往昔古人，却永远也不能相见。梁章钜和海龄在宗泽墓前的见面，成了最后的诀别。尽管他对海龄抱有希望，但是终究还是敌不过英夷的强悍以及内部人的背叛。形势的发展，果不其然：

　　道光二十二年（1842 年）七月二十一日，英军占领了镇江，开始了惨无人道的大屠杀，镇江成了一片焦土。镇江军民奋起反抗……

道光二十二年（1842 年）八月四日，英舰进逼南京下关江面，随后英军从燕子矶登陆，察看地形，扬言进攻南京城……

道光二十二年（1842 年）八月二十九日，耆英、牛鉴、伊里布等与英国全权代表璞鼎查签订中国近代第一个不平等条约《南京条约》。

梁章钜在扬州听到此事，不禁为大清悲惨命运仰天长叹。此刻他又获知官场同僚王鼎在北京圆明园内"尸谏"，不禁潸然泪下。

《南京条约》签订后，两江总督牛鉴即被革职，镇江知府祥麟、常镇道周顼即被暗杀，镇江城内还经常出现一些杀富济贫的事，老百姓拍手叫好，贪官污吏则是人人自危。据说这是一对侠义夫妇所为，只是没有人见到过他们的真容，更不知道他们的来龙去脉，以致《镇江史志》上一直没有留下他们的名字，留给后人无尽的遐想与怀念……